心一堂易學術數古籍整理叢刊
京氏易六親占法古籍校注系列

《大易斷例卜筮元龜》校注

【元】蕭吉文　原著
虎易　校注

書名：《大易斷例卜筮元龜》校注
系列：心一堂易學術數古籍整理叢刊　京氏易六親占法古籍校注系列
原著：【元】蕭吉文
校注：虎易
編輯：陳劍聰

出版：心一堂有限公司
通訊地址：香港九龍旺角彌敦道610號荷李活商業中心十八樓05-06室
深港讀者服務中心：中國深圳市羅湖區立新路六號羅湖商業大厦負一層008室
電話號碼：(852)90277110
網址：publish.sunyata.cc
電郵：sunyatabook@gmail.com
網店：http：//book.sunyata.cc
淘宝店地址：https：//sunyata.taobao.com
微店地址：https：//weidian.com/s/1212826297
臉書：https：//www.facebook.com/sunyatabook
讀者論壇：http：//bbs.sunyata.cc

版次：二零二一年十月初版

平裝

定價：港幣　一百九十八元正
　　　新台幣　八百八十元正

國際書號　978-988-8582-72-3

香港發行：香港聯合書刊物流有限公司
地址：香港新界荃灣德士古道220~248號荃灣工業中心16樓
電話：(852) 2150 2100　傳真：(852) 2407 3062
電郵：info@suplogistics.com.hk
網址：http://www.suplogistics.com.hk

台灣發行：秀威資訊科技股份有限公司
地址：台灣台北市內湖區瑞光路七十六巷六十五號一樓
電話號碼：+886-2-2796-3638　傳真號碼：+886-2-2796-1377
網絡書店：www.bodbooks.com.tw
台灣秀威書店讀者服務中心：
地址：台灣台北市中山區松江路二0九號1樓
電話號碼：+886-2-2518-0207
傳真號碼：+886-2-2518-0778
網址：www.govbooks.com.tw

中國大陸發行 零售：深圳心一堂文化傳播有限公司
地址：深圳市羅湖區立新路六號羅湖商業大厦負一層008室
電話號碼：(86)0755-82224934

心一堂微店二維碼

心一堂淘寶店二維碼

《京氏易六親占法古籍校注》總序（代自序）

中國古代的占卜預測，源遠流長，林林總總，類型繁多。例如：龜卜占、象占、星占、夢占、風角鳥占、拆字占、手面相占、奇門、六壬、太乙、四柱八字、六爻占、六親占、梅花易占、紫微占、雜占等各種術數占卜預測方法。《左傳》、《國語》、《史記》以及二十五史和各種古代筆記等著作，就記錄有很多預測的占例。清代《欽定四庫全書》，將各種預測類的書籍，統歸於《子部•術數類》，因此，各種預測的方法和門類，又可統稱為「術數」。「京氏易六親占法」，就是這些術數中的一個獨立的預測種類。

（一）

「京氏易六親占法」，是西漢•京房創立的以易經為基礎，採用納甲、五行、六親等各種體例，納入卦中的一種預測方法，也是各種術數中比較系統和成熟的方法。據《漢書•眭兩夏侯京翼李傳》記載：「京房字君明，東郡頓丘人也。治《易》，事梁人焦延壽」。又曰：「房本姓李，推律自定為京氏」。又曰：「其說長於災變，分六十四卦，更直日用事，以風雨寒溫為候，各有占驗。房用之尤精。好鐘律，知音聲」。《漢書•儒林傳》曰：「京房受《易》梁人焦延壽。延壽云：『嘗從孟喜問《易》』。會喜死，房以為延壽《易》即孟氏學，翟牧、白生不肯，皆曰非也。至成帝時，劉向校書，考《易》說，以為諸《易》家說皆祖田何、楊叔元、丁將軍，大誼略同，唯京氏為異，倘焦延壽獨得隱士之說，托之孟氏，不相與同。房以明災異得幸，為石顯所譖誅，自有傳。房授東海殷嘉、河東姚平、河南乘弘，皆為郎、博士。由是《易》有京氏之學」。「自武帝立《五經》博士，開弟子員，設科射策，勸以官祿」。「至元帝世，復立《京氏易》」。「京氏易」在漢代元帝時被立為博士，足以證明其學說，是當時具有很高學術地位和學術價值的。

《欽定四庫全書》提要記載：「《京氏易傳》三卷，漢•京房撰、吳•陸績注」。「績有易注，已著錄房所著有《易傳》三卷，《周易章句》十卷，《周易錯卦》十卷，《周易妖占》十二卷，《周易占事》十二卷，《周易守株》三卷，《周易飛候》九卷，又六卷《周易飛候》，《六日七分》八卷，《周易四時候》四卷，《周易混沌》四卷，《周易委化》四卷，《周易逆刺占災異》十二卷，《易傳積算法、集占條例》一卷。今惟《易傳》存」。從以上記錄可以知道，京房的著作，唯有《京氏易傳》得以保存下來，絕大多數都已經亡佚。

南宋•晁公武（約1104—約1183年）《郡齋讀書志》曰：「景迂嘗曰：余自元豐壬戌偶脫去舉子事業，便有志學易，而輒好王氏。本妄以謂弼之外，當自有名象者，果得京氏傳。而文字顛倒舛訛，不可訓知。迨其服習甚久，漸有所窺，今三十有四年矣，乃能以其象數，辨正文字之舛謬。於邊郡山房寂寞之中，而私識之曰：是書兆《乾》《坤》之二象以成八卦，凡八變而六十有四。於其往來升降之際，以觀消息盈虛於天地之元，而酬酢乎萬物之表者，炳然在目也」。從以上記錄可知，目前傳世的《京氏易傳》，是北宋·晁景迂經歷三十四年的研究後，重新編排整理成書的。

唐宋以前記錄有「京氏易六親占法」相關資料，惟有元代胡一桂收錄的晉代郭璞的《郭氏洞林》了。

《火珠林》是目前存世的「京氏易六親占法」的第一本系統性著作，作者題為「麻衣道者」，後人據此認為，大約是唐末宋初的作品。宋人項世安（1129－1208）謂：「以京房考之，世所傳《火珠林》即其遺法，《火珠林》即交單重拆也」。張行成亦謂：「《火珠林》之用，祖於京房」。《朱子語類》曰：「卜卦之錢，用甲子起卦，始於京房」。又云：「今人以三錢當揲蓍，乃漢·焦贛、京房之學」。

自《京氏易傳》、《火珠林》重新問世，其後宋、元、明、清時期，又有《卜筮元龜》、《海底眼》、《天玄賦》、《黃金策》、《易林補遺》、《易隱》、《易冒》、《增刪卜易》、《卜筮正宗》等著作，以及《卜筮全書》、《斷易天機》、《易隱》等輯錄本著作面世，經歷代作者不斷實踐，修改、注釋、補遺，使「京氏易六親占法」這種優秀的文化遺產，得以不斷傳承和完善。

（二）

為了讓讀者對「京氏易六親占法」系列古籍著作，有個初步的瞭解，下面對選擇、注釋和整理的「京氏易六親占法」系列古籍著作，選擇的校錄版本及內容，做一個簡單的介紹，供讀者參考。

京氏易六親占法古籍著作叢書之一《京氏易傳》：

作者：漢·京房：（公元前77年—前37年。）據【明·兵部侍郎范欽訂】「天一閣」本，作為校錄底本，參考《漢魏叢書·明·新安程榮校》本，及《欽定四庫全書》，校注整理。字數大約4.1萬。

《京氏易傳》，是漢代·京房的著作，據《郡齋讀書志》晁公武曰：「漢《藝文志》易京氏凡三種，八十九篇。隋《經籍志》有《京氏章句》十卷，又有《占候》十種，七十三卷。唐《藝文志》有《京氏章句》十卷，而《易占候》存者五種，二十三卷。今其章句亡矣。乃略見於僧一行及李鼎祚之書。今傳者曰《京氏積算易傳》三卷，《雜占條例法》一卷，或共題《易傳》四卷，而名皆與古不同。今所謂《京氏易傳》者，或題曰《京氏積算易傳》者，疑隋、唐《志》之《錯卦》是也。《雜占條例法》者，疑唐《志》之《逆刺占災異》是也。《錯卦》在隋七卷，唐八卷，所謂《積算》《雜》《逆刺占災異》十二卷是也。至唐，《逆刺》三卷，而亡其八卷。元佑八年，高麗進書，有《京氏周易占》十卷，疑隋《周易占》十二卷是也。是古易家有書，而無傳者多矣。京氏之書，幸而與存者才十之一，尚何離夫師說邪」？目前京房的著作，繼續傳世的僅《京氏易傳》，其他著作均已亡佚。《京氏易傳》構建了「京氏易六親占法」的的理論基礎，以及六親體系架構，為該占法提供了理論和體系上的重要框架。

京氏易六親占法古籍著作叢書之二（一）《郭氏洞林》

作者：晉・郭璞：（公元276年—324年）。元・胡一桂抄錄。據《欽定四庫全書・周易啟蒙翼傳・外篇》本，作為校錄底本，參考《欽定古今圖書集成》理學彙編經籍典・易經部・易學別傳十一・晉《郭璞洞林》，校注整理。字數大約0.8萬。

《郭氏洞林》是最早集錄郭璞卦例的著作，其收錄的十三個卦例，對於後來的學者，研究郭璞的占法及其思路，是很好的原始資料，對於研究郭璞的易學思想和占法，具有一定的參考價值。

京氏易六親占法古籍著作叢書之二（二）《周易洞林》：

作者：晉•郭璞：（公元276年—324年）。清•王謨輯。據清嘉慶3年王謨刻本，作為校錄底本，校注整理。字數大約1.4萬。

《周易洞林》在《郭氏洞林》的基礎上，又從其他古籍中，收錄了一些關於郭璞的卦例和事例，對於研究郭璞的思想和占法，具有一定的參考價值。

京氏易六親占法古籍著作叢書之三《易洞林》：

作者：晉•郭璞：（公元276年—324年）。清•馬國翰輯。據虛白盧藏嫏嬛館補校本，即《玉函山房輯佚書》本，作為校錄底本，校注整理。字數大約2.4萬。

《易洞林》也是在《郭氏洞林》和《周易洞林》的基礎上，又從其他古籍中，收錄了一些關於郭璞的卦例和事例，對於研究郭璞的思想和占法，具有一定的參考價值。

京氏易六親占法古籍著作叢書之四《火珠林》：

作者：麻衣道者。相傳為唐末宋初時期的著作。據虛白盧藏《漢鏡齋秘書四種•火珠林》本，作為校錄底本，校注整理。字數大約5.9萬。

《火珠林》這本著作的問世，為「京氏易六親占法」的應用，提供了第一本系統的著作。該著作對京氏易的體例進行了論述，也用一些占例，解說了「京氏易六親占法」的應用方法，本書對於研究「京氏易六親占法」，具有很高的學術價值，也具有很重要的研究和參考價值。

京氏易六親占法古籍著作叢書之五《增注周易神應六親百章海底眼》，簡稱《增注海底眼》：

作者：王鼒；重編：何侁、信亨。南宋•淳佑（甲辰年•公元1244年）。據《續修四庫全書》一〇五五冊•子部•術數類《增注周易神應六親百章海底眼》本，作為校錄底本，參考「國家圖書館•古籍館」清代抄本，校注整理。字數大約2萬。

《增注海底眼》這本著作，著重論述了一些基本概念和知識，以及五行的對應方法和應用，並編制大量歌訣，幫助讀者理解和記憶。特別是對六親的概念，進行了重點論述，本書是「京氏易六親占法」體系中的一本重要著作，對於研究「京氏易六親占法」传承，具有比較重要的研究和參考價值。

京氏易六親占法古籍著作叢書之六《大易斷例卜筮元龜》，簡稱《卜筮元龜》：

作者：元・蕭吉文。元・大德十一年（丁未年・公元1307年）。據日本京都大學附屬圖書館《大易斷例卜筮元龜》手抄本上卷本，作為校錄底本，參考《斷易天機》輯錄資料，校注整理。字數大約9.5萬。

《卜筮元龜》這本著作，在國內基本已經失傳了，這次是根據日本京都大學附屬圖書館《大易斷例卜筮元龜》手抄本，校對注釋整理的。該著作首次附入大量配圖，補充了「京氏易六親占法」應用的很多基礎知識和概念，並首次提出了「以錢代蓍法」的成卦方法，將「京氏易六親占法」占卜預測分門別類，作了進一步的細化，本書也是「京氏易六親占法」體系中的一本重要著作，對於研究「京氏易六親占法」传承，具有很重要的研究和參考價值。

京氏易六親占法古籍著作叢書之七《周易尚占》：

作者：元・李清庵。元・大德十一年（丁未年・公元1307年）。據《四庫全書存目叢書・子部・術數類・周易尚占》本，作為校錄底本，校注整理。字數大約4.2萬。

《周易尚占》這本著作，是與《卜筮元龜》為同一時期的作品，首次附入十幅配圖，補充了「京氏易六親占法」應用的一些基礎知識和概念，下卷有六十四卦納甲、世應等內容，並有六十四卦的詩歌斷例，具有一定的參考價值。

京氏易六親占法古籍著作叢書之八《新鍥纂集諸家全書大成斷易天機》，又稱為《增補鬼谷源流斷易天機》（寶善堂梓行），簡稱《斷易天機》：

作者：明・劉世傑。明・嘉靖十七年（戊戌年・公元1538年）。豫錦誠・徐紹錦校正；閩書林・鄭雲齋梓行本，作為校錄底本，參考《卜筮元龜》、《卜筮全書》等著作，校注整理。字數大約39.6萬。

《斷易天機》這本著作的初版，在國內基本已經失傳了，這次是根據心一堂據日本傳本影印版校對注釋整理的。本書是「京氏易六親占法」的第二個匯輯本，收錄了此前「京氏易六親占法」各種著作，各種基礎知識理論和實踐方法內容，特別是首次出現了「鬼谷辨爻法」這種六親爻位的對應方法，為「京氏易六親占法」的應用，提供了預測分析的思路，擴展了預測分析的信息。這本著作，是「京氏易六親占法」系列古籍中的一本重要著作，對於研究「京氏易六親占法」傳承，具有很重要的研究和參考價值。

京氏易六親占法古籍著作叢書之九《易林補遺》：

作者：明·張世寶。萬曆三十四年（丙午年·公元1306年）。據《易林補遺》初版本，作為校錄底本，校注整理。字數大約14.5萬。

《易林補遺》這本著作，對「京氏易六親占法」以前各種著作的缺失，進行了一些分析和補充。作者雖然是一個盲人，但不迷信於鬼神，根據當時社會上普遍存在的有病則求神問卜的現象，他主張有病應該找醫生治療，避免殘害生命以及造成錢財的浪費。他提出了「爻爻有伏有飛，伏無不用」的論述，把「飛伏」的應用方法，更加彰顯出來。並成功的將「反吟」、「伏吟」的概念，納入「京氏易六親占法」體系，使這個體系的應用更加完備。

京氏易六親占法古籍著作叢書之十《卜筮全書》：

作者：明·姚際隆。崇禎三年（庚午年·公元1630年）。據《卜筮全書》初版本，作為校錄底本，校注整理。字數大約34.8萬。

《卜筮全書》這本著作，是「京氏易六親占法」的第一個匯輯本，首次正式納入了《天玄賦》這本著作。現存的書籍，是後來修訂的版本，首次正式納入了《黃金策》，對京氏易占法的理論和實踐體系，比較全面的進行了彙編，具有很重要的研究和參考價值。

京氏易六親占法古籍著作叢書之十一《易隱》：

作者：明•曹九錫（明•天啟五年前後•公元1625年前後）。據「國家圖書館•古籍館」最早版本，作為校錄底本，參考清代多個版本，校注整理。字數大約21.3萬。

《易隱》這本著作，應該是「京氏易六親占法」的第三個匯輯本，書中引錄了大量古籍資料。特別是其中「身命占」和「家宅占」的內容，將預測分類更細，也為後來的學者，提供了一個細化分析的基本框架，具有重要的研究價值。

京氏易六親占法古籍著作叢書之十二《易冒》：

作者：清•程良玉。清•康熙三年（甲辰年•公元1664年）。據江蘇巡撫採進本，作為校錄底本，校注整理。字數大約12.7萬。

《易冒》這本著作，作者雖然也是一位盲人，但他對於很多基礎知識，進行追本求源，並對其來源及推演方法，進行了論述。對於各種成卦方式，他提出了自己的看法，對幫助讀者打破迷信，樹立客觀的思想，起到重要作用。本書在學術研究上，具有一定的價值。

京氏易六親占法古籍著作叢書之十三《增刪卜易》：

作者：清•李文輝。清•康熙二十九年（庚午年•公元1690年）。據清•康熙年間古吳陳長卿刻本《增刪卜易》爲底本，作為校錄底本，校注整理。字數大約25.2萬。

《增刪卜易》這本著作，對「京氏易六親占法」的應用，化繁為簡，提出採用指占之法，讓信息直接切入預測的核心。又提出分占之法，便於釐清不易辨別的問題，避免信息產生混淆。同時，還提出了多占之法，用以追蹤求測人所疑，查找產生問題的原因，尋找出解決問題的方法。當設計出解決問題的方法後，還可以檢驗其是否具有解決問題的功能。本書在學術研究上，具有一定的價值。

京氏易六親占法古籍著作叢書之十四《卜筮正宗》：

作者：清・王洪緒。清・康熙四十八年（己丑年・公元1709年）。據清初刻本，作為校錄底本，校注整理。字數大約21.8萬。

《卜筮正宗》這本著作，對《黃金策》的注釋部分，有自己獨特的見解。對當時社會上存在的一些問題，也做出了自己的回答。對十八個類型的問題，也進行了論述。不足之處，在於作者為了強求對應，篡改了《增刪卜易》一些卦例的原始內容，這些需要讀者注意的。

京氏易六親占法古籍著作叢書之十五《御定卜筮精蘊》：

作者不詳，大約是清代的版本。據《故宮珍本叢刊》本，作為校錄底本，校注整理。字數大約7.5萬。

《御定卜筮精蘊》這本著作，是「京氏易六親占法」體例的一個精編本，大量內容都是從之前的古籍中來。作者去粗取精，去偽存真，也是具有一定研究價值的著作。

【編按：以上大部分版本，輯入《心一堂易學經典叢刊》或《心一堂術數古籍珍本叢刊》】

（三）

我為什麼要把這些古籍著作，定名為「京氏易六親占法」呢？我這樣做，既是為了統一學術稱謂，也是為了給「京氏易」正名，使「京氏易」占法不至於与其他占卜方式混淆。

《京氏易傳》是將六十四卦，分屬乾、震、坎、艮、坤、巽、離、兌八宮，一宮統八卦。八宮所屬五行，乾、兌宮屬金，震、巽宮屬木，坎宮屬水，離宮屬火，坤、艮宮屬土。每個卦所附「父母、官鬼、兄弟、子孫、妻財」等六親，是根據這個卦原來所屬之宮的五行，按「生我者為父母、我生者為子孫、尅我者為官鬼、我尅者為妻財、比和者為兄弟」的體例，推演得來的。預測時以六親類比事物的爻，也稱為「用神」，「用爻」，「用事爻」等等，用來分析事物的吉凶發展趨勢。

《火珠林•序》曰：「繼自四聖人後，易卜以錢代蓍，法後天八宮卦，變以致用，實補前人未備之一端，見《京房易傳》，未詳始自何人。先賢云：『後天八宮卦，變六十四卦，即《火珠林》法』，則是書當為錢卜所宗仰也，特派衍支分，人爭著述，炫奇標異，原旨反晦。今得麻衣道者鈔本，反覆詳究。其論六親，財官輔助，合世應、日月、飛伏、動靜，並尅害、刑合、墓旺、空沖以定斷。與時傳易卜，同中有異，古法可參。如所云『卦定根源，六親為主，爻究傍通，五行而取』，即《京君明海底眼》『不離元宮五向推』之旨也」。

《增注海底眼•六親》曰：「六親占法少人知，不離元宮五向推」。本書提出「六親占法」的概念，我認為「六親占法」是最能代表京氏易預測體系特徵的名稱，比之「納甲占法」和「六爻占法」的說法，更為名實相符，客觀合理一些。

基於京氏易預測體系的特徵，我認為，凡採用京氏易體系預測理論及方法，就應該稱為「京氏易六親占法」，或者稱為「京氏易六親預測法」，或簡稱為「六親占法」、「六親預測法」為宜。

《論語•子路》曰：「子曰：『必也正名乎』」，「名不正，則言不順；言不順，則事不成」。經歷了二十多年的混亂，現在是到了應該為「京氏易六親占法」正名的時候了。為什麼要為「京氏易六親占法」正名呢？只有名正，實符，稱謂統一，大家交流才會順暢，有共同語言，理解才不會產生歧義，進行學術的研究才能進入正軌。同時，也可以讓後來的學習者，不被社會上各種廣告性名詞所欺騙和誤導。

從古至今，都有學者提出以「納甲」命名的名稱，他們是根據「京氏易」體系，將每個卦納入天干的特徵而命名的。我們知道，京氏易體系，除了納入天干，還有納入地支，五星，二十八宿，六親等各種內容，而「納甲」并非是具有「京氏易」占法主要特徵的名稱。當然，也有占卜書籍，根據採用金錢搖卦的起卦方式，命名為「金錢占卦法」的。

上世紀九十年代後，社會上「大師輩出」，他們提出很多新奇的名詞，比如什麼「太極預測法」、「無極預測法」。我們看看《漢典》對「太極」和「無極」的解釋：古代哲學家稱最原始的混沌之氣為「太極」。天地混沌未分以前，稱為「太極」。「中國古代哲學中認為形成宇宙萬物的本原。以其無形無象，無聲無色，無始無終，無可指名，故曰無極」。從《漢典》的解釋看，很顯然，這兩種命名與「京氏易」預測方式是不吻合的，這樣的名詞，只是為了吸引讀者眼球，採用新奇的名詞而已。

至於社會上還流傳的「六爻預測法」、「新派六爻法」、「盲派六爻」、「道家六爻」，「道家換宮六爻」等等名稱，不一而足，無非是為了標新立異。以上各種名稱，以簡稱「六爻」者為多，因此，「六爻」這個名詞，就成為民間大眾對「京氏易六親占法」的俗稱了。

「六爻」這個名稱，是以卦有六個爻的特徵命名，是古代經學的代表名稱，在「京氏易」占法中，並不具有代表性。我們應該知道，古人經學所稱的「六爻占」法，是採用卦爻辭和象辭進行預測的方法，如《新鍥纂集諸家全書大成斷易天機》第三、四卷，其中就有「六爻詩斷」的內容，讀者可以參閱。

還有人將「京氏易六親占法」體系的預測方法，分成什麼「傳統派」，「新派」，「象法派」，「理法派」、「盲派」等等，這些名稱，只能是某一個類型的表示，與京氏易採用「象數理占」為一體的預測方式，是不能類比的。

由於社會上紛紛擾擾的各種說法，導致大家對京氏易預測方法產生混亂的看法，致使大家在交流時，產生了學術上的一些混亂。

我認為，早期邵偉華先生用《周易預測學》的名稱，是為了避免當時意識形態影響的原因而採用的名稱，但之後出現的各種名稱，無非是為了標新立異，吸引讀者眼球，或是有欺騙讀者的廣告嫌疑。因此，現在已經到了必須為「京氏易六親占法」正名的时候了。

（四）

根據我在社會上和網絡上的多年學習和實踐觀察，發現目前在「京氏易六親占法」學習上，普遍存在著一些誤區，應該引起大家的注意。

一是由於國家對於術數，持比較低調的態度，出版的古籍由於選擇底版的不足，即使是正規出版的書籍，因編輯自身能力的原因，也存在太多錯誤，或者出現一些缺漏，影響了讀者的正常學習。加上這二十多年來，「大師」輩出，他們印刷了很多並非合法的資料，還有一些人，將一些資料東拼西湊成書，更是誤導了很多讀者。

二是有些人認為，「京氏易六親占法」不如「三式」準確，「三式」才是術數中最好，最準確的。《四庫全書總目•術數二•六壬大全》：「六壬與遁甲、太乙，世謂之三式」。根據我和很多朋友的交流和實踐，我認為，術數無高低之分，只有學得好與不好之別，沒有任何一門術數可以稱為是最準確和最好的。讀者應該根據各自的興趣愛好，選擇適合自己學習種類。

三是有些人認為，只有找「大師」學習，得到所謂秘訣，才能學好用活。我們知道，早期由於歷史的原因，古籍資料獲得不易，大家尋求不到可以學習的資料，因此造成很多不明真相的後學，被一些「大師」矇騙錢財。我認為，學習任何術數，都沒有所謂的秘訣，只有基礎知識紮實，才是最好的秘訣。另外，在網絡上，很多群和聊天室，大多數人都還停留在猜謎語式的猜測中，不能客觀的運用「象數理占」的基本分析方法，去進行分析判斷，既可能誤導求測人，又對自己的學習無益，這樣的現象是不太正常的。我認為在現代社會，每個人都可以利用網絡，獲取各種資料信息，應該多讀一些書，多和不同的人去交流，利用網絡資源去學習，在實踐中去加深對理論和基礎知識的理解，要把每一個求測人都當作老師，從他們反饋的客觀信息，不斷有意識、有條理的訓練自己。只要不斷努力積累各種基礎知識以及社會常識，勤於記錄，多作積累，自然就能學得好、用得活。當然，如果有機會和條件的話，有老師指導學習，是可以少走一些彎路的。對於有自學能力的人來說，只要有精良的書籍版本，自學也是可以成功的。

四是有些人認為，「京氏易六親占法」預測，只有採用乾隆銅錢搖卦，才是最準確的。據可考的古籍記載，我國最早的成卦方式，應該是「蓍草揲蓍」法，即分數蓍草，得數以成卦的方法。除此之外，後世的先賢們，還創造了多種成卦的方法，例如「以錢代蓍」，「風角」，「字畫」，「數字」等各種成卦方法，讀者可參考《梅花易數》及其他相關書籍，去瞭解這些應用方法。對於各種成卦方式，古今均有各種非議，即使是目前被大家認同的「以錢代蓍」法，據《易隱》記載，也曾經被京房之師焦延壽批評過。《易隱•以錢代蓍法》曰：「焦延壽曰：今人以蓍草難得，用金錢代之。法固簡易，非其類矣。求蓍之代者，太極丸其庶幾乎。考諸陰陽老少之數，則合。質諸成爻成卦之變，則符。合二三得五，是五行之數也。計一丸得十五，是河圖中宮十五之數，洛書縱横十五之數也。刑同六合，道備三才，甚矣。木丸之似蓍草也，則猶從其類也。金錢簡易云乎哉」。

現代的「大師」們，跟隨古代一些崇古的人，發展了這種崇古的思維。他們認為，乾隆銅錢具有良好的導電性，可以傳遞什麼古代信息，殘存信息，未來信息等等，因此只有採用乾隆銅錢成卦才是最好的，還有人認為，應該採用五帝錢成卦，信息量就大，還有人認為，應該採用「五帝」錢成卦，信息量就大，信息才準確。如果採用其他的銅錢成卦，就可能會造成信息不準確。如果採用數字起卦，或者其他方式成卦，則會造成信息量不足，更不準確了。

我認為，以上這些說法，是十分滑稽可笑和荒謬的，沒有任何理論和實踐的依據。試問，如果說銅的導電性好，那麼銀比銅的導電性更好，為什麼不採用銀幣呢？這都是出於他們崇古的思維，或限於他們自己僅會某種方法，或出於其他目的，或出於他們並沒有真正理解《易經》「感而遂通」之理，均屬無稽之談，讀者不可盲目迷信。

《易冒•自序》曰：「古之人，有以風占、鳥占、諺占，言語卜、威儀卜、政事卜，是無卜筮，而知吉凶也。況蓍草、金錢、木丸之占，而必執同異相非乎」？又曰：「愚以為：易者，象也；象也者，像也。其辭則異，其象則符。但告於蓍則以蓍占，告於五行則以五行占，告於焦氏則以焦氏占可也。其成卦成爻一也」。三百五十年前的一个盲人作者，尚且具有如此見識，實可令以上非議之人汗顏。

我認為，時代在不斷變化，我們現在已經進入電腦手機時代，很多網上的排盤系統，都是十分快捷的方法。為人預測和給自己預測，不管採用何種方式成卦，都可以獲取與求測的人和事物相關的客觀信息。各種成卦方式的原理，不在於採用乾隆銅錢所謂「導電性」是否良好，而是在於《易傳》所說的「感而遂通」。其要點在於，求測人求測時的「一念之誠」，即客觀的說明需要預測的事物，不可雜亂。

五是有些人認為，預測的結果，吉凶應該就是唯一的。我們知道，人們預測的目的，就是為了「趨吉避凶」，不是僅僅需要知道一個所謂吉凶的結果，而是希望讓事物能夠向有利於自己的方向，避開不利於自己的方向，得到有效改善和發展。這樣不是很矛盾嗎？既然吉凶的結果是唯一的，如何又能「趨吉避凶」呢？預測又有什麼意義呢？換言之，既然可以「趨吉避凶」，那吉凶結果就不可能是唯一的，是可以因人因事而發生改變的。以上兩種看法，看似悖論。

「京氏易六親占法」，給看似無序的天地和人事，架構了一個對應的坐標。利用這個坐標，我們就可以分析、判斷、選擇出有利於我們的為人處世方式。客觀的說，任何預測方法，任何人預測，都不可能和客觀的事物完全準確對應，總是存在有不對應的情況發生。大多數時候，求測人所需要面對的，是對於未來事物的發展，如何去選擇的取捨問題。因此，預測師要根據卦中顯示的信息，客觀的解讀，幫助求測人找到存在的問題，以及產生問題的原因，指導求測人改善不客觀的認識，尋找正確的方法，以達到「趨吉避凶」的目的。

《增刪卜易•趨避章》曰：「聖人作易，原令人趨吉避凶。若使吉不可趨，凶不可避，聖人作之何益？世人卜之何用」？

我們也必須知道，並不是所有的人和事物，都是可依主觀的變化而發生改變的。這是需要求測人能按照預測師的指導，自己首先認識，按照可以向好的方向轉化的方式，堅持努力調整，才可以達成事物向有利於自己的方向去發展的。如果求測人不能認識，即使知道問題所在，也不願意去努力調整，那麼事物就會沿著之前的方向運行下去。

我的看法，預測是對事物發展過程，發展趨勢的分析判斷，其預測結果也並非是唯一的，可因人、因事而發生改變。對於有些已經發生，或者處於事物運行過程末端，已經無法改變的事物，其結果可能就是唯一的。例如面臨高考，已經沒有時間改善，那麼，考試成績的結果就是唯一的。再如已經懷孕，測懷孕的是男是女，結果也必然是唯一的。對於有些還未發生，或者正處於運行過程開始的事物，其結果可以因求測人的主觀變化和調整，而發生改變，其最後的結果，就並非是唯一的了。例如測以後的高考成績，則可以根據學生的客觀情況，指導其在生理、心理的調整，學習環境、學習方法的調整方面，做出有利的改善，幫助提高學習的成績。再如測找工作，可以根據客觀的信息，指導求測人在有利的時機、有利的方位去尋找，可以做到事半功倍。

六是有些人認為，應期要絕對的對應。當然，我們應該知道，應期的問題，是一個比較複雜的問題，每個卦中，能顯示應期的方式是多樣性的。我們在實踐中會經常發現，應期會出現早一些和晚一些的情況。究其原因，除了預測師的自身能力以外，還有一個不能忽視的原因，即時間和空間的不確定性。愛因斯坦的廣義相對論認為：「由於有物質的存在，空間和時間會發生彎曲，而引力場實際上是一個彎曲的時空」。因此，在時空發生彎曲的情況下，出現不能完全對應的情況，是客觀存在的，也是我們必須客觀面對的。

七是社會上出現的所謂「象法派」，「理法派」，看似新的流派。「象法派」重於象而輕於理，「理法派」重於理而輕於象，這兩者各有偏頗，偏廢一端，這都是不可取的。我們知道，「象數理占」在京氏易預測分析中，是一個整體，不可偏廢。我們應該綜合應用「象數理占」的方法，整體思維，整體分析為宜。

（五）

我們學習古代的術數方法，一方面要傳承古人的優秀文化，另一方面更要挖掘古人的智慧和方法，要結合當時的時代特徵，擴展更加廣闊的應用領域。

一是要在繼承古代優秀文化的基礎上，善於吸取古人的智慧，充分挖掘古籍的信息。有些已經發現的應用方法，例如元代著作《大易斷例卜筮元龜•占家內行人知在何處章》曰：「凡占行人在何處，子變印綬父母擬」，注釋曰：「以卦所生為爻。假令《困》卦，五月卦屬火，則丁未為子爻，戊寅為父母也」，這裡隱含的提出了轉換六親的概念。由於作者沒有清晰的注釋說明，六親轉換的內容比較含糊，以致很難被讀者發現和理解。《新鍥斷易天機》轉錄此內容為：「凡占行人在何處，子變應爻父母擬」，將原文的「印綬」兩字，錯錄為「應爻」兩字，導致讀者根本無法理解，以至於後來的著作，就沒有這樣的內容了，致使「轉換六親」的方法幾乎失傳。

我在校對整理這些古籍時，看到了這樣零星的材料，按照其原理進行還原，知道了這種轉換的方法。經過多年的應用實踐，我認為認識和掌握了這種轉換的方法，我們就可以從卦中，獲取與求測人相關的更多信息，甚至發現很多用常規方式，不可能發現的信息、隱蔽的信息。可以幫助我們，尋找影響求測人和事物關係的背後原因，便於更好的為求測人提供分析和化解的有效服務。

幾種轉換六親的方式如下：

1、以世爻為「我」轉換六親。

2、以用神為「我」轉換六親。

3、以月卦身為「我」，進行轉換六親。

4、以卦中的任一爻為「我」轉換六親。

有些還沒有發現，或者古籍中還存在的隱藏線索，或者古人沒有說透的概念，例如納音的應用，也需要讀者，或者後來的學者，去不斷挖掘，不斷研究，不斷完善。

二是要在繼承的基礎上，將古人成熟的應用方法，歸納整理，擴展更寬的應用領域。

例如「象數理占」，這是京氏易預測的基本方法，所謂「象」，即事物基本的屬性具象。簡單歸納如下：

一、卦宮象：如乾宮，坤宮象等。

二、內外象：如外卦主外、高、遠象；內卦主內、低矮、近象。

三、爻性象：如陽爻有剛象，陰爻有柔象。陽主過去象，陰主未來象等。

四、爻位象：如初爻元士，二爻大夫等象。初爻主腳，三爻主腹，六爻主頭等象。

五、五行象：如甲乙寅木屬木，丙丁巳午屬火等象。五行表示對應的時間、空間之象。

六、六親象：如父母爻主父母、長輩、文章、老師、論文、文憑、證件、證據、防護裝備，信息物品等象。

七、六神象：如青龍主喜，主仁、酒色等象。

八、進退象：如寅化卯為進，卯化寅為退等象。

九、世應象：世為己，應為人；婚姻關係，合作關係等象。

十、卦名象：如「夬」有抉擇之象，「蠱」有內亂之象。

十一、卦辭象：如乾卦象曰：「天行健，君子以自強不息」等預示之象。

十二、爻辭象：如乾卦初九象曰：「潛龍勿用，陽在下也」等預示之象。

十三、納音象：如甲子乙丑海中金之類象。

十四、時間象：如：寅卯辰表示春季，巳午未表示夏季；子水表示夜半，午火表示中午等等。

十五、方位象（空間之象）：如子水北方之象，午火南方之象等等。

十六、理象：（道理、義理、原理、事理）：如：生剋制化，刑冲合害等五行運行基本原理之象。

再如飛伏方法的應用，《易林補遺》曰：「爻爻有伏有飛，伏無不用」，但作者又認為飛伏的應用，僅僅是「若卦內有用神，不居空陷，不必更取伏神。如六爻不見主象者，卻取伏神推之」。

我們知道，伏神表示隱藏的信息。因此世爻下的伏神，是可以表示求測人的潛意識，或者內心思維的。從伏神與飛神的關係，可以得知求測人自身的心理狀態。另外，如世下伏神與應爻沖剋，也可以表示求測人與對方內心抵觸，或者言語衝突。

三是在學習的過程中，不能迷信古人，認為古人所論都是對的。要根據京氏易的基本原理和方法，不斷的創新思路，尋找更多更好的應用方法。

例如預測疾病，《天玄賦》論疾病曰：「決輕重存亡之兆，專察鬼爻。定金木水火之鄉，可分症候」，古人基本上是以官鬼爻去論病。

例如：癸巳年　壬戌月　辛亥日　丙申時，測疾病？

時間：癸巳年　壬戌月　辛亥日　丙申時（日空：寅卯）					
占事：測疾病？					
	艮宮：艮為山（六沖）			巽宮：山雷頤（遊魂）	
六神	本卦			變卦	
騰蛇	官鬼丙寅木 ▅▅▅	世		官鬼丙寅木 ▅▅▅	
勾陳	妻財丙子水 ▅ ▅			妻財丙子水 ▅ ▅	
朱雀	兄弟丙戌土 ▅ ▅			兄弟丙戌土 ▅ ▅	世
青龍	子孫丙申金 ▅▅▅	應	○→	兄弟庚辰土 ▅ ▅	
玄武	父母丙午火 ▅ ▅			官鬼庚寅木 ▅ ▅	
白虎	兄弟丙辰土 ▅ ▅		╳→	妻財庚子水 ▅▅▅	應

此卦午火被日令亥水，內卦三合子水相尅。卦中寅木雖然得日令生合，但逢旬空不受生。以上信息表示，求測人身體存在氣血兩虛的現象。六爻寅木雖然有日令亥水生合，內卦三合子水生，但爻遇旬空不受生，因此，會出現有頭暈的現象，並且還會有記憶力減退的現象，這是由於肝膽氣虛，運行不暢，導致腦供血不足造成的。應該找醫生去檢查，及時治療和調整。這樣去分析，才能客觀對應求測人的客觀現象。

我們既要繼承古人一些好的理論方法和應用方式，但也不必象古人那樣，執定鬼爻為病，可以根據京氏易的基本原理，和基本方法去分析判斷。

（六）

我出生於二十世紀五十年代，由於父親過早的去世，我勉強讀了個小學，雖然小學畢業時，被保送到縣裡最好的中學，但由於文革和武鬥，學校都停課鬧革命，所以就沒有學上了。一九七零年，學校開始復課鬧革命，因為我們家庭生活困難，我想參加工作，為家裡減輕負擔，我也沒能繼續讀書。一九七零年六月，我還不滿十六歲，就因為得到組織上照顧，開始參加工作了，因此，我的文化基礎知識，是十分貧乏的。

進入八十年代，是中國社會開始發生大變革的時代，是人們知道文化知識貧乏，渴望讀書的時代，也是人們普遍感覺迷茫的時代，我生活於這個時代，也不可避免會產生對不可知的未來的困惑。

八十年代末期，隨著改革開放，《周易》慢慢也被解禁，國內開始了一個學習易學和術數預測的高潮。我也是這個時期，開始接觸到《易經》，從中體會到古人的一些智慧。邵偉華先生的《周易預測學》出版問世，我看到他在辦函授班，也參加了第二屆函授。後來，國家開始了搶救古籍的工作，出版了一批術數類古籍，我先後購買了這些書籍，開始進行自學。一九九三年，我得到《增删卜易》這本著作，雖然此書編輯十分混亂，但還是引起我對「京氏易六親占法」的極大興趣。一九九五年，劉大鈞先生的《納甲筮法》出版，我從中深入瞭解到「京氏易六親占法」的基礎知識，然後長期實踐，深入研究和理解。一九九七年，我參加過山東大學周易研究中心舉辦的「首屆大易文化研討班」，這次也發了一本他們自己編寫的《增删卜易》，對比我以前買的版本，好了很多。從此，我放棄了之前所學的其他術數方法，只對與「京氏易六親占法」相關的著作感興趣了。這個時期的自學，由於環境因素的影響，基本上是偷偷進行的。

九十年代後期，由於有了互聯網，我開始在網上和一些朋友討論和交流，在這個過程中，發現很多想學習的朋友，因為沒有資料，學習起來十分困難。基於這種情況，我開始用手頭的資料，錄入整理成電子文本，供易友們學習。再後來，隨著互聯網的發展，網上資料的增多，我經過對照發現，現代出版的古籍，錯漏太多，同時，因為古籍生僻字太多，加上沒有注釋，很多後學的朋友感覺學起來不易，也為了我自己對這一門學術研究的需要，因此，觸發了我想把「京氏易六親占法」相關的古籍，重新校注整理的想法。

我和易友鼎升，本著「為往聖繼絕學，為後世傳經典」的基本精神，十幾年來，到處搜求，各處尋找，也得到很多易友的幫助，終於收集到一批古籍資料，我從中選取有傳承價值，以及有研究價值的十幾個古籍版本，進行校對注釋整理，經歷十多年的不懈努力，終於完成了這一工作。希望能為有志於傳承這一門學術的朋友，提供最原始的資料，也希望能讓後來的學者少走彎路。

在這套古籍著作的校注整理過程中，得到「鼎升」先生的很多具體指導，以及「冰天烈焰」、「犀角尖尖」，「天地一掌中」等網友提供的原版影印古籍資料，也得到「漢典論壇」等網絡上很多朋友的幫助，在此一併向他們致謝。書中有些注釋資料，來源於網絡，未能一一加以說明，也請原作者諒解。

雖然經歷了十幾年的多次校對，注釋，整理，但書稿中不可避免還會存在一些問題，希望能得到方家的指正，也希望得到讀者的批評，在有機會的情況下，再作進一步的修訂，不至於誤導讀者。

京氏易學愛好者　湖北省潛江市　周光虎

撰於己丑年夏至日　公曆 2009年6月21日　星期日

2017年9月28日9時40分星期四　重新修訂

2020年再修訂

網名：虎易

QQ：77090074

微信：wxid_e9cvbx1mugcf22

電子郵箱：tiger1955@163.com

新浪博客：http：//blog.sina.com.cn/hbhy

http：//blog.sina.com.cn/u/1248458677

《大易斷例卜筮元龜》校注前言

《卜筮元龜》這本著作，我們只是從《火珠林》、《新鍥纂集諸家全書大成斷易天機》等書籍的引用，得見其名，國內目前已經不見傳世的書籍了。

經朋友介紹，得到日本京都大學附屬圖書館收藏的《大易斷例卜筮元龜•卷之上》兩個手抄本的復印本，一個為三十頁，一個為四十八頁。但這兩個抄本，只是本書的上卷，而沒有下卷。從日本古籍《卜筮元龜抄》（日本寬文6年，西元1666年，田原仁左衛門刻本，二冊四卷）的內容看，本書下卷估計應該是六十四卦判斷的內容。

四十八頁抄本，應該是比較完整的抄錄原本。三十頁抄本，只有「易書纂圖、總例門、六神門」等三個方面的內容比較完整。其「別加」有「鑒明斷」、「鬼谷斷」等一些「私加」內容，估計是抄寫的人，從一些其他著作抄錄的相關內容，其抄錄也比較雜亂。這兩個抄本，從影印的頁面看，應該是採用相同的紙張，字跡也大致上為同一人所抄寫。只是不知抄錄者所據的底本，到底是何時的版本，只有留待後來的學者作進一步考證。

從這個抄本前言保存的時間看，《卜筮元龜》成書出版時間，應該是元•大德十一年，即西元1307年。這本著作，也是繼《火珠林》、《海底眼》之後，京氏易納甲六親占卦法體系中的一本重要古籍。

本稿文字錄入，採用四十八頁抄本為主，對三十頁抄本中的一些「私加」的其他內容，擇善而從，採用「另補」、「私云」進行標識，歸類附於相應的內容後。並採用《新鍥纂集諸家全書大成斷易天機》與《卜筮全書》收錄《卜筮元龜》的部分內容，與這兩個手抄本的文字互相進行校正。

對原本存在的衍字、脫字及誤字，用校勘記加以說明。對於無法辨識的字，用「口」標識。對有些不易理解的內容，按我自己的理解，採用「虎易按」的方式進行注釋，供讀者參考。

在不影響原本內容的基礎上，適當補充部分資料內容，附於相應內容之後。並將書中有些內容，製作成圖表的形式，便於讀者閱讀對照。

最近從《中國國家圖書館•中國古籍善本書目》搜索得知，江蘇省鎮江市博物館收藏有《大易斷例卜筮元龜》（清抄本）八卷。如果有幸，希望能一睹其藏，以便使本校注書稿更加完善。使這樣重要的古籍得以傳承，讓後學的讀者，能一睹古人傳承、發揚學術的原貌。

由於本人學識有限，錯漏之處在所難免，也誠望方家及讀者們不吝指正，有機會，可以得到修改，不至誤導讀者。

京氏易愛好者　湖北省潛江市　虎易

2010年12月28日11時3分

大易斷例卜筮元龜

建安①蕭吉文撰集

予②嘗滴露研朱③，對梅讀易。逆爻位④之得失⑤，卜氣運⑥之變遷⑦，莫不如影隨形，如谷應聲。獨怪夫今之易卜君子，其於爻辭⑧象義⑨皆莫之究⑩，反以枝詞蔓說⑪㊀而文⑫之，是致禍福無憑也。予因是⑬，上窺聖人⑭之經旨⑮，下竊六君子⑯之傳義⑰，旁參鬼谷先生⑱之遺文，演作歌詩，述為斷例。以之決憂疑⑲，定猶豫⑳，觀往知來，吉凶截然㉑先定。命之曰《卜筮元龜》，不敢私秘，敬刻諸梓㉒，以廣其傳。

時　大德十一年㉓復五平水進德齋為之記

注釋

①建安：今福建建甌，東漢末分侯官縣置。孫吳分會稽郡置建安郡，以建安縣為治所，福建與浙江分治始此。以後建安郡漸縮小為今福建西北部。隋唐以閩州、建州為建安郡。

②予：假借為「余」，同「我」字。

③滴露研朱：用露水研磨紅色墨汁。

④爻位：卦爻所處的位置。爻位從下至上，稱為：初爻、二爻、三爻、四爻、五爻、上爻。

⑤得失：成功與失敗。

⑥氣運：命運，氣數。

⑦變遷：事物的變化轉移。

⑧爻辭：說明《周易》六十四卦各爻象的文辭。例如《乾》卦初爻的爻辭：「初九：潛龍勿用」。「初九」是《乾》卦初爻的爻題，「潛龍勿用」是《乾》卦初爻象的文辭。

⑨象義：卦象的含義。

⑩皆莫之究：都不研究。

⑪枝詞蔓說：指繁冗蕪雜的言辭。亦作「枝辭蔓語」。

⑫文：掩飾，粉飾。

⑬予因是：我因此。

⑭聖人：德高望重、有大智、已達到人類最高最完美境界的人，有時也專指孔子。

⑮經旨：經典的意義。經，此處指《易經》。

⑯六君子：史籍中合稱六個傑出人物為「六君子」者甚多，其中最著者，指禹、湯、文、武、成王、周

公。此處應該是指伏羲、文王、周公、孔子等作《周易》經傳的人。

⑰傳義：易傳的意思。傳，此處指易傳。

⑱鬼谷先生：本名王詡，自號鬼谷，民間稱為王禪老祖。衛國人。長於持身養性和縱橫術、精通兵法、奇門八卦，著有《鬼谷子》兵書十四篇傳世。戰國時代「諸子百家」之一。因隱居清溪鬼谷，所以稱鬼子先生。

⑲憂疑：憂慮疑懼。

⑳猶豫：猶移。遲疑不決。

㉑吉凶截（jiē）然：指未來的好運氣和壞運氣界限分明。

㉒敬刻諸梓（zǐ）：刻板，付印。

㉓大德十一年：大德是元代成宗鐵穆耳年號，大德十一年即丁未年，西元1307年。

校勘記

㊀「枝詞蔓說」，原本作「枝杆蔓說」，疑誤，據成語體例改作。

大易斷例卜筮元龜目錄㈠

身位門

婚姻門

求財門

怪異門

公訟門

疾病門

校勘記

㈠原本抄本目錄，只有「易書纂圖」、「總例門」、「六神門」三個章節部分目錄，目錄標題與內容標題也不完全統一。為方便讀者檢索查閱，現在據本書目錄和內容標題，互相校正後重新編排為此目錄，不另作校勘記。對於補充的部分圖表和內容，標題前均加「附」，一併編入目錄。

㈡「五行配六親法」，原本作「五位配卦」，疑誤，據其內容改作。

大易斷例卜筮元龜

建安 蕭吉文 撰集

易書纂圖

龍馬之圖

河圖

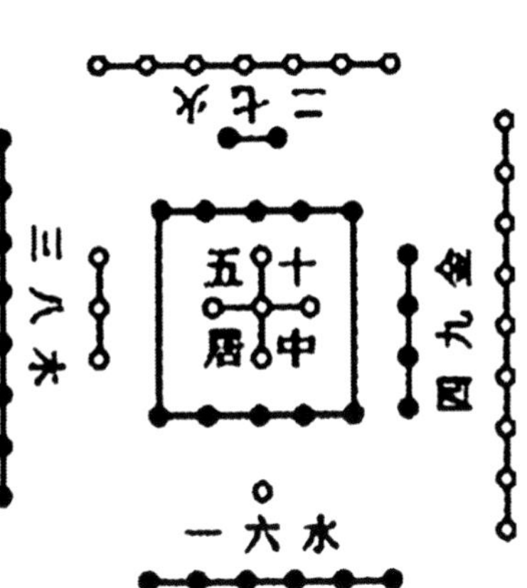

天一生水，地六成之。地二生火，天七成之。天三生木，地八成之。地四生金，天九成之。天五生土，地十成之。此五行祖。

神龜之圖

洛書

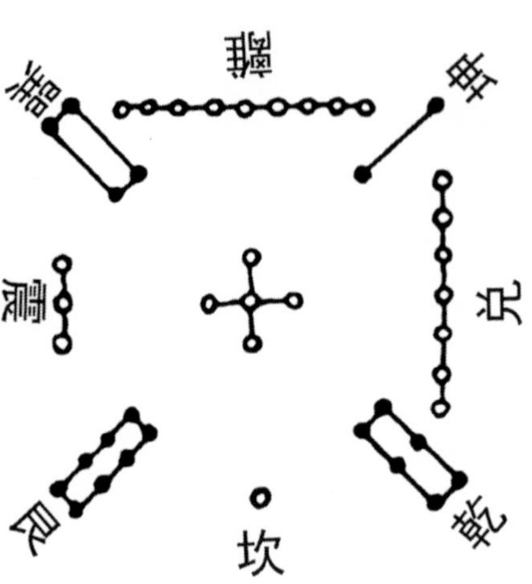

戴九為離，履一為坎。左三為震，右七為兌。二四為眉，是為坤巽。六八為足，是為乾艮。此八卦源。

虎易按：朱熹《周易本義•河圖•洛書》圖說曰：「《繫辭傳》曰：『河出圖，洛出書，聖人則之』。又曰：『天一地二，天三地四，天五地六，天七地八，天九地十。天數五，地數五，五位相得而各有合。天數二十有五，地數三十，凡天地之數，五十有五，此所以成變化而行鬼神也』。此河圖之數也。洛書蓋取龜象，故其數『戴九履一、左三右七、二四為肩、八六為足』。蔡元定曰『圖書之象，自漢孔安國、劉歆，魏關朗子明，有宋康節先生邵堯夫，皆謂如此。至劉牧始兩易其名，而諸家因之，故今復之，悉從其舊』」。

太極圖

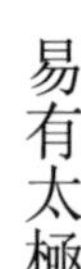
易有太極

已具之稱，形器已具。而其太極者，象數未形，而其理無朕①之目，在河圖洛書，皆虛中之象也。周子②曰：「無極而太極」。邵子③曰：「道為太極」。又曰：「心為太極」。此之謂也。

注釋

①無朕（zhèn）：沒有跡象或先兆。

②周子：周敦頤（1017.5.5～1073），字茂叔，原名敦實，避英宗舊諱改焉。號濂溪，道州營道人。（今湖南道縣）人。《宋史・道學》曰：「兩漢而下，儒者之論大道，察焉而弗精，語焉而弗詳，異端邪說起而乘之，幾至大壞。兩漢而下，儒學幾至大壞。千有餘載，至宋中葉，周敦頤出於舂陵，乃得聖賢不傳之學，作《太極圖說》、《通書》，推明陰陽五行之理，命於天而性於人者，了若指掌」。參閱《宋史・列傳第一百八十六・道學一》。

③邵子：邵雍（1011—1077）字堯夫，謚號康節，自號安樂先生、伊川翁，後人稱百源先生。其先范陽（今河北涿縣）人，幼隨父遷共城（今河南輝縣）。少有志，讀書蘇門山百源上。仁宗嘉祐及神宗熙寧中，先後被召授官，皆不赴。創「先天學」，以為萬物皆由「太極」演化而成。著有《觀物篇》、《先天圖》、《伊川擊壤集》、《皇極經世》等。參閱《宋史・列傳第一百八十六・道學一》。

附太極圖說

作者　周敦頤

無極而太極。太極動而生陽，動極而靜，靜而生陰，靜極復動。一動一靜，互為其根；分陰分陽，兩儀立焉。陽變陰合，而生水、火、木、金、土。五氣順布，四時行焉。五行，一陰陽也；陰陽，一太極也；太極，本無極也。五行之生也，各一其性。無極之真，二五之精，妙合而凝。乾道成男，坤道成女，二氣交感，化生萬物。萬物生生，而變化無窮焉。惟人也，得其秀而最靈。形既生矣，神發知矣。五性感動，而善惡分，萬事出矣。聖人定之以中正仁義而主靜，立人極焉。故聖人與天地合其德，日月合其明，四時合其序，鬼神合其吉凶。君子修之吉，小人悖之凶。故曰：「立天之道，曰陰與陽。立地之道，曰柔與剛。立人之道，曰仁與義」。又曰：「原始反終，故知死生之說」。大哉易也，斯其至矣。

是生兩儀

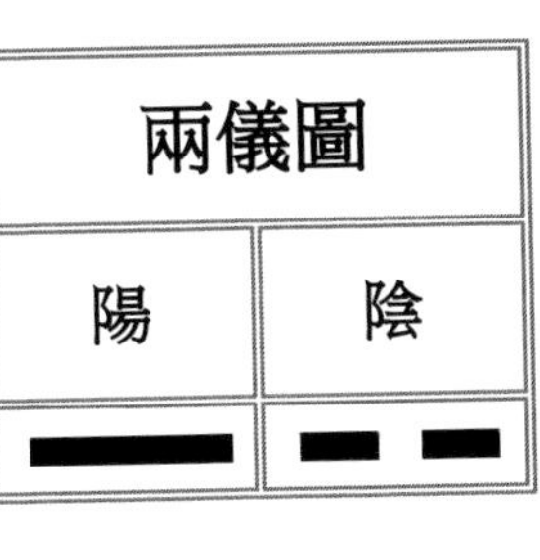

太極之判，始生一奇一偶，而為一畫者二，是為兩儀。其數則陽一而陰二，在河圖洛書則奇偶是也。周子所謂：「太極動而生陽，動極而靜㊀。靜而生陰，靜極復動。一動一靜，互為其根，分陰分陽，兩儀立焉」。邵子所謂：「一分為二①」者，皆謂此。

注釋

① 一分為二：《皇極經世書•觀物外篇》曰：「是故一分為二，二分為四，四分為八，八分為十六，十六分為三十二，三十二分為六十四」。

校勘記

㊀「動極而靜」，原本作「動極動一」，疑誤，據《太極圖說》原文改作。

兩儀生四象

兩儀之上，各生一奇一偶㊀，而為二畫者四，是謂四象。濂溪①所謂「水火木金」，康節②所謂「二分為四」。揲蓍③數中所謂「九八七六」者，皆是也。

虎易按：兩儀生四象圖中「大陽」也稱為「老陽」，「大陰」也稱為「老陰」。

兩儀生四象圖			
大　陽	少　陰	少　陽	大　陰
一	二	三	四
⚌	⚍	⚎	⚏

注釋

①濂溪：周敦頤，字茂叔，號濂溪。參見前「周子」注釋。

②康節：邵雍，字堯夫，謚號康節。參見前「邵子」注釋。

③揲蓍（shéshī）：亦稱「揲蓍草」，「數蓍草」。古人用蓍草成卦時，先在五十根蓍草中抽出一根，再將其餘分作兩部分，然後四根一數，以最後得數的奇偶，定陰爻或陽爻。這種成卦的方法，稱為揲蓍。

校勘記

㊀「偶」，原本作「陽」，疑誤，據其文意改作。

四象生八卦

四象生八卦圖

卦序	一	二	三	四	五	六	七	八
卦名	乾	兌	離	震	巽	坎	艮	坤
卦形	☰	☱	☲	☳	☴	☵	☶	☷

四象之上，各生一奇一偶，為三畫者八。於是三才略具，而有八卦之名矣。《周禮》所謂「三易，經卦皆八①」，《大傳》所謂「八卦成列②」，康節所謂「四分為八」者，皆指此而言也。

注釋

①經卦皆八：《周禮・春官宗伯》曰：「太卜掌三易之法：一曰連山，二曰歸藏，三曰周易。其經卦皆八，其別卦皆六十有四」。

②八卦成列：《周易・繫辭傳》曰：「八卦成列，像在其中矣；因而重之，爻在其中矣；剛柔相推，變在其中焉；繫辭焉而命之，動在其中矣」。

附太極、兩儀、四象、八卦生成圖

圖一

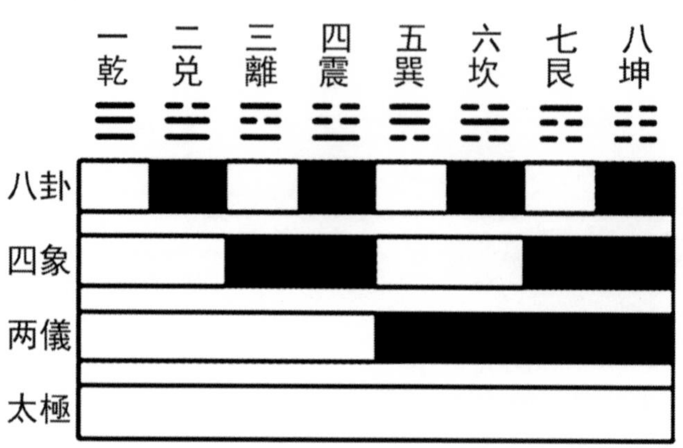

圖二

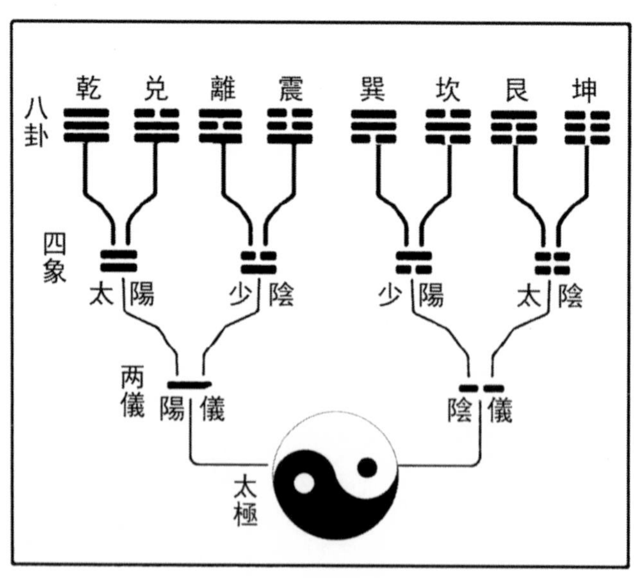

伏羲八卦圖

天地定位，山澤通氣，雷風相薄，水火不相射①。

虎易按：伏羲八卦圖，也稱為先天八卦圖。

注釋

①天地定位，山澤通氣，雷風相薄，水火不相射：語出《周易•說卦傳》。

文王八卦圖

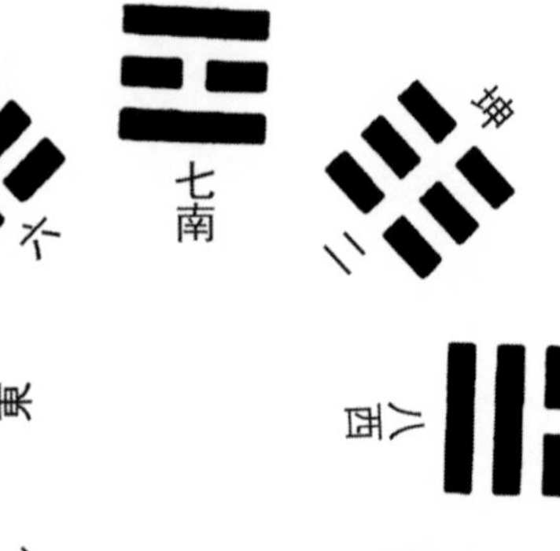

帝出乎震，齊乎巽，相見乎離，致役乎坤，說言乎兌，戰乎乾，勞乎坎，成言乎艮①。

虎易按：文王八卦圖，也稱為後天八卦圖。

注釋

①帝出乎震，齊乎巽，相見乎離，致役乎坤，說言乎兌，戰乎乾，勞乎坎，成言乎艮：語出《周易•說卦傳》。

蓍室圖

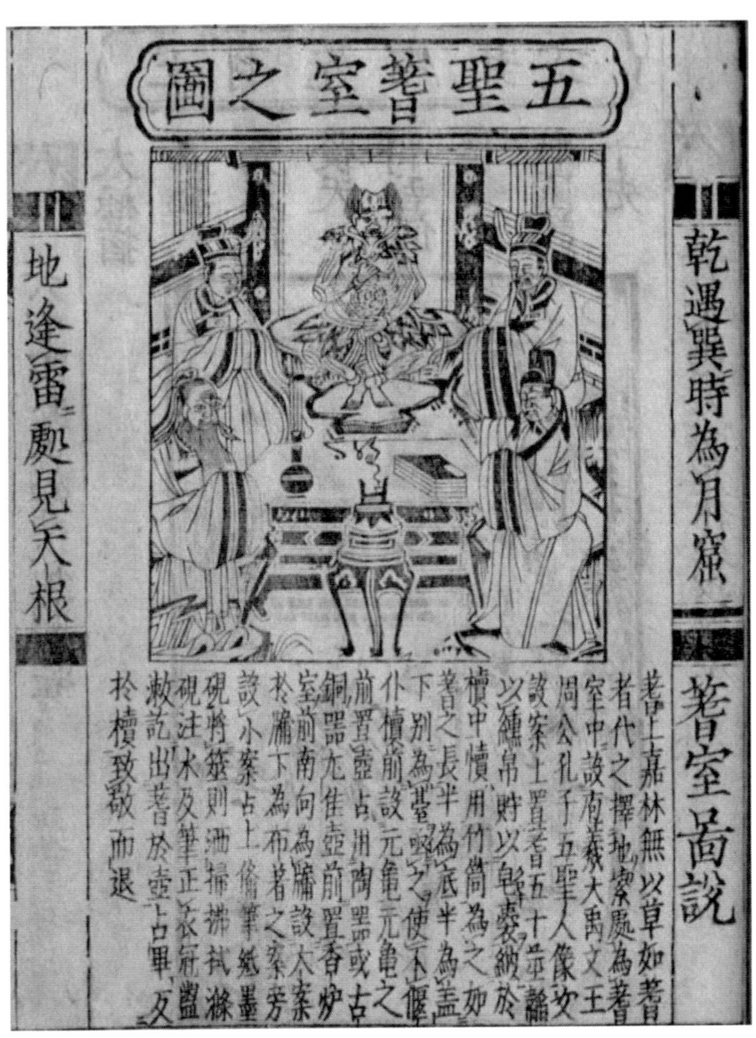
五聖蓍室之圖

乾遇巽時為月窟

地逢雷處見天根

蓍室啚說

蓍上嘉林無以草如蓍者代之擇地潔處為蓍室中設宓羲大禹文王周公孔子五聖人像安設案上置蓍五十莖韜以纁帛貯以皂囊納於櫝中櫝用竹筒為之如蓍之長半為底半為盖下別為臺函之使不偃仆櫝前設元龜元龜之前置壺占用陶器或古銅器尤佳壺前置香炉室前南向為牖設大案於牖下為布著之案旁設小案占上備筆紙墨硯將筮則洒掃拂拭滌硯注水及筆正衣冠盥漱訖出蓍於壺占畢反於櫝致敬而退

虎易按：原抄本缺圖，以《新鍥纂集諸家全書大成斷易天機》蓍室圖附此，供讀者參考。

蓍室圖說

蓍生嘉林，無，以草如蓍者代之。擇地潔處為蓍室①，中設庖羲②、大禹③、文王④、周公⑤、孔子⑥五聖人像。次設案於像前，案上置蓍五十莖⑦，韜以纁帛⑧，貯以皂囊⑨，納於櫝中⑩。櫝用竹筒為之，如蓍之長，半為底，半為蓋，下別為台函之⑪，使不偃僕⑫。櫝前設元龜，元龜之前置壺，壺用陶器或古銅器尤佳，壺前置香爐。室前南向為牖⑬，設大案於牖下，為布蓍之案，旁設小案，案上備筆紙墨硯。將筮則灑掃拂拭⑭，滌硯⑮注水及筆，正衣冠，盥漱訖⑯，出蓍於壺。占畢，反於櫝，致敬而退。

虎易按：此說源於《周易本義・筮儀》，讀者可參閱後文所附《周易本義・筮儀》。

注釋

①蓍室：指專門佈置用於占卜的房間。

②庖羲（xī）：即伏羲（生卒不詳），風姓，燧人氏之子。亦作「伏戲」、「皇羲」、「宓犧」、「庖犧」、「包犧」、「犧皇」、「太昊」，史記中稱「伏犧」，又稱青帝，是五天帝之一，都陳，相傳在位115年，傳十五世，凡千二百六十載。伏羲是古代傳說中中華民族人文始祖，有勝德，始畫八封，造書契，

教民佃、漁、畜牧等。

③大禹：姓姒，名文命，字（高）密。史稱大禹、帝禹，為夏后氏首領、夏朝開國君王。其父名鯀，被帝堯封於崇，為伯爵，世稱「崇伯鯀」或「崇伯」，其母為有莘氏之女脩己。相傳，禹治理黃河有功，受舜禪讓而繼承帝位，國號夏。禹是夏朝的第一位天子，因此後人也稱他為夏禹。參閱《史記·卷二·夏本紀第二》。

④文王：姬昌（前1152年—前1056年），姬姓，名昌，季曆之子，周朝奠基者，歷史上的一代明君。相傳《周易》為其被囚羑裡時所作。西元前1046年，其子周武王姬發滅商，追尊他為周文王。參閱《史記·卷二·夏本紀第二》。

⑤周公：本名姬旦，尊稱為叔旦，史稱周公旦，是周朝歷史上第一代周公，謚號周文公。周文王姬昌第四子，周武王姬發同母弟。因封地在周，故稱周公或周公旦。《尚書大傳》稱其：「一年救亂，二年克殷，三年踐奄，四年建侯衛，五年營成周，六年制禮樂，七年致政成王」。參閱《史記·卷四·周本紀第四》。

⑥孔子：（西元前551年—西元前479年），名丘，字仲尼。祖籍宋國夏邑，出生於魯國陬邑。孔子曾帶領部分弟子周遊列國，修訂了六經：《詩》、《書》、《禮》、《樂》、《易》、《春秋》。相傳他有弟子三千，賢弟子七十二人。孔子去世後，其弟子將其言行語錄記錄，整理編成了儒家經典《論語》。參閱《史記·卷四十七·孔子世家第十七》。

⑦蓍五十莖：指用五十根蓍草。蓍草：古代常以其莖用作占卜。

⑧韜（tāo）以纁帛（xūnbó）：納藏於淺紅色的絲織品中。

⑨貯（zhù）以皂囊（zàonáng）：儲存，收藏於黑綢口袋中。皂囊亦作「皁囊」。

⑩納（nà）於櫝（dú）中：放在木匣之中。

⑪函（hán）之：用匣子或封套裝盛。

⑫偃僕（yǎnpú）：撲倒，傾倒。仰而倒曰偃，伏而覆曰僕。

⑬牖（yǒu）：窗戶。

⑭拂拭（fúshì）：除去塵埃。

⑮滌硯（díyàn）：洗滌硯臺。

⑯盥漱訖（guànshùqì）：洗漱完畢。

總例門

揲蓍法

謹按：經云：「大衍之數五十，其用四十有九。分而為二以象兩，掛一以象三，揲之以四以象四時，歸奇於扐①以象閏，五歲再閏，故再扐而後掛」云云。「是故，四營而成易，十有八變而成卦，八卦而小成。引而伸之，觸類而長之，天下之能事畢矣」。

虎易按：此篇其後的內容，與「別加揲蓍要法、別加筮儀」等內容，基本上都是從朱熹《周易本義・筮儀》內容而來，但其文字都有不同脫漏。因此，不另行對其進行校勘和增補，直接以朱熹《周易本義・筮儀》原文附於其後。

注釋

①扐（lè）：古代數蓍草占卜，將零數夾在手指中間稱為「扐」。

附《周易本義·筮儀》

擇地潔處為蓍室，南戶，置床於室中央。

床大約長五尺，廣三尺，毋太近壁。

蓍五十莖，韜以纁帛，貯以皂囊，納之櫝中，置於床北。

櫝以竹筒，或堅木，或布漆為之。圓徑三寸，如蓍之長。半為底，半為蓋，下別為台函之，使不偃僕。

設木格於櫝南，居床二分之北。

格以橫木板為之，高一尺，長竟床。當中為兩大刻，相距一尺。大刻之西，為三小刻，相距各五寸許。下施橫足，側立案上。

置香爐一於格南，香合一於爐南，日炷香致敬。將筮，則灑掃拂拭。滌硯一注水。及筆一，墨一，黃漆板一，於爐東。東上筮者，齊潔衣冠，北面，盥手焚香致敬。

筮者北面，見《儀禮》。若使人筮，則主人焚香畢，少退，北面立。筮者進立於床前少西，南向受命。主人直述所占之事，筮者許諾。主人右還，西向立。筮者右還，北向立。

兩手奉櫝蓋，置於格南爐北。出蓍於櫝，去囊解韜，置於櫝東。合五十策，兩手執之，熏於爐上。

此後所用蓍策之數，其說並見《啟蒙》①。

命之曰：「假爾泰筮有常，假爾泰筮有常。某官姓名，今以某事云云。未知可否，爰質所疑。於神於靈，吉凶得失，悔吝憂虞②，惟爾有神，尚明告之」。乃以右手取其一策，反於櫝中。而以左右手，中分四十九策，置格之左右兩大刻。

此第一營，所謂「分而為二以象兩」者也。

次以左手取左大刻之策執之，而以右手取右大刻之一策，掛於左手之小指間。

此第二營，所謂「掛一以象三」者也。

次以右手，四揲左手之策。

此第三營之半，所謂「揲之以四，以象四時」者也。

次歸其所餘之策，或一，或二，或三，或四，而扐之左手無名指間。

此第四營之半，所謂「歸奇於扐以象閏」者也。

次以右手反過揲之策於左大刻。遂取右大刻之策執之，而以左手四揲之。

此第三營之半。

次歸其所餘之策，如前，而扐之左手中指之間。

此第四營之半，所謂「再扐以象再閏」者也。一變所餘之策，左一則右必三，左二則右亦二，左三則右必一，左四則右亦四。通掛一之策，不五則九。五以一其四而為奇，九以兩其四而為耦。奇者三，而耦者一也。

次以右手反過揲之策於右大刻。而合左手一掛二扐之策，置於格上第一小刻。

以東為上。後仿此。

是為一變。再以兩手取左右大刻之蓍合之。

或四十四策，或四十策。

復四營，如第一變之儀。而置其掛扐之策於格上第二小刻，是為二變。

二變所餘之策，左一則右必二，左二則右必一，左三則右必四，左四則右必三。通掛一之策，不四則八。四以一其四而為奇，八以兩其四而為耦。奇耦各得四之二焉。

又再取左右大刻之蓍合之。

或四十策，或三十六策，或三十二策。

復四營，如第二變之儀。而置其掛扐之策於格上第三小刻，是為三變。

三變餘策，與二變同。

三變既畢，乃視其三變所得掛扐過揲之策，而畫其爻於版。

掛扐之數，五、四為奇，九、八為耦。掛扐三奇，合十三策，則過揲三十六策，而為老陽，其畫為「○」，所謂「重」也。掛扐兩奇一耦，合十七策，則過揲三十二策，而為少陰，其畫為「⚋」，所謂「拆」也。掛扐兩耦一奇，合二十一策，則過揲二十八策，而為少陽。其畫為「一」，所謂「單」也。掛扐三耦，合二十五策，則過揲二十四策，而為老陰，其畫為「╳」，所謂「交」也。

如是每三變而成爻。

第一、第四、第七、第十、第十三、第十六，凡六變並同。但第二變以下不命，而但用四十九蓍耳。第二、第五、第八、第十一、第十四、第十七，凡六變亦同。第三、第六、第九、第十二、第十五、第十八，凡六變亦同。

凡十有八變而成卦。乃考其卦之變，而占其事之吉凶。

卦變別有圖，說見《啟蒙》。

禮畢。韜蓍襲之以囊，入櫝加蓋。斂筆硯墨版，再焚香致敬而退。

如使人筮，則主人焚香，揖筮者而退。

注釋

①《啟蒙》：即《易學啟蒙》，南宋·朱熹、蔡元定合撰，由蔡氏起稿。蔡元定（1135-1198），字季通，學者稱西山先生，建甯府建陽縣（今屬福建）人，師事朱熹，朱熹以友視之。

②憂虞（yú）：憂慮。

別加　以錢代蓍法

卜者焚香致敬，祝曰：至虛至聖，至誠感神，聖人作易，幽贊神明，與天地合其德，日月合其明，四時合其序，鬼神合其吉凶。一心虔懇伏羲①皇帝，周室文王②，孔父聖人③，周公聖人④，袁天罡⑤先生，李淳風⑥先生，孫臏⑦先生，鬼谷⑧先生，王輔嗣⑨先生，邵康節⑩、陳希夷⑪先生，前代演易一切先師，六丁神將⑫，六甲神將⑬，年月日時四直功曹使者。今有某姓君子，自有呵御⑭，禱祝在前。今遇某甲某旬某日，願將六十四卦內占一卦，三百八十四爻內占六爻，吉凶悔吝，禍福憂虞，惟有爾神，諒垂昭報。

注釋

①伏羲（xī）：參閱「庖羲」注釋。

②周室文王：參閱「文王」注釋。

③孔父聖人：參閱「孔子」注釋。

④周公聖人：參閱「周公」注釋。

⑤袁天罡（gāng）：袁天綱，益州成都（今四川成都）人。尤工相術。隋大業中，為資官令。武德初，蜀道使詹俊赤牒授火井令。著有《六壬課》、《五行相書》、《推背圖》、《袁天罡稱骨歌》等。通志著錄，其

有《易鏡玄要》一卷。久佚。參閱《舊唐書・卷一百九十一・列傳第一百四十一・袁天綱》。

⑥李淳風：（602－670），岐州雍人（今陝西省寶雞市鳳翔縣）。唐代傑出天文學家、數學家，道家學者，撰《麟德曆》代《戊寅曆》，所撰《典章文物志》、《乙巳占》、《秘閣錄》，並《演齊人要術》等凡十餘部，多傳於代。李淳風和袁天罡所著《推背圖》以其預言準確而著稱於世。李淳風是世界上第一個給風定級的人。參閱《舊唐書・卷七十九・列傳第二十九・李淳風》。

⑦孫臏：孫臏出生於阿、鄄之間（今山東省菏澤市鄄城縣北），是孫武的後代，生卒年不詳。孫臏曾與龐涓為同窗，因受龐涓迫害遭受臏刑，身體殘疾。孫臏原名不詳，因受過臏刑故名孫臏。後在齊國使者的幫助下投奔齊國，被齊威王任命為軍師，輔佐齊國大將田忌兩次擊敗龐涓，取得了桂陵之戰和馬陵之戰的勝利，奠定了齊國的霸業。其著作有《孫臏兵法》又稱《齊孫子》，《漢書・藝文志》記載，孫臏著有《齊孫子》八十九篇、圖四卷。參閱《史記・卷六十五・孫子吳起列傳》。

⑧鬼谷：鬼谷子，姓王名詡，又名王禪、王通，號玄微子，春秋戰國時期衛國朝歌人，因隱居鬼谷，故自稱鬼谷先生。「王禪老祖」是後人對鬼谷子的稱呼。其長於持身養性和縱橫術、精通兵法、武術、奇門八卦，著有《鬼谷子》兵書十四篇傳世。民間稱其為王禪老祖，中國春秋戰國史上一代顯赫人物，是「諸子百家」之一，縱橫家的鼻祖，也是位卓有成就的教育家，他的弟子有兵家：孫臏、龐涓；縱橫家：蘇秦、張儀。經常進入雲夢山採藥修道。因隱居清溪鬼谷，所以稱鬼谷子先生。

⑨王輔嗣：王弼（226年－249年），字輔嗣，三國曹魏山陽郡（今山東金鄉）人，經學家、哲學家，魏晉玄

學的主要代表人物之一。王弼曾任尚書郎。王弼少年有文名，與鐘會、何晏等人為友，同倡玄學清談。其作品有《老子注》、《老子指略》、《周易注》、《周易略例》四部。正始十年（249年）秋天，以癘疾亡，年僅24歲，遺下一妻一女。參閱《三國志・魏書二十八・王毌丘諸葛鄧鍾傳第二十八》。

⑩邵康節：邵雍（1011—1077）字堯夫，謚號康節，自號安樂先生、伊川翁，後人稱百源先生，尊稱邵子。其先范陽（今河北涿縣）人，幼隨父遷共城（今河南輝縣）。少有志，讀書蘇門山百源上。仁宗嘉祐及神宗熙寧中，先後被召授官，皆不赴。創「先天學」，以為萬物皆由「太極」演化而成。著有《觀物篇》、《先天圖》、《伊川擊壤集》、《皇極經世》等著作。參閱《宋史．列傳第一百八十六・道學一・邵雍》。

⑪陳希夷：陳摶（871年—989年），字「圖南」，安徽亳州真源人，號「扶搖子」，賜號「希夷先生」。隱於武當山九室岩，移居華山雲台觀，多著述。五代宋初時，是一位道門高隱的學術大師。陳摶繼承漢代以來的象數學傳統，並把黃老清靜無為思想、道教修煉方術和儒家修養、佛教禪觀會歸一流，對宋代理學有較大影響，後人稱其為「陳摶老祖」、「睡仙」、希夷祖師等。陳摶是傳統神秘文化中富有傳奇色彩的一代宗師，相傳紫微斗數及無極圖說皆為陳摶創作。參閱《宋史．列傳第二百一十六・隱逸上・陳摶》。

⑫六丁神將：丁神六位：丁卯、丁巳、丁未、丁酉、丁亥、丁丑，称为「六丁神将」。《续文献通考》曰：「丁卯等六丁，陰神玉女也」。

⑬六甲神將：甲神六位：甲子、甲戌、甲申、甲午、甲辰、甲寅，稱為「六甲神将」。《續文獻通考》曰：「甲子等六甲，陽神玉男也」。

⑭呵禦（hē yù）：護衛，保衛。

別加　擲錢卜龜祝語

從鑒明斷，私加之，深也，明也。

至聖至靈，至誠感神，聖人作易，幽贊神明，與天地合其德，日月合其明，四時合其序，鬼神合其吉凶。志誠虔懇伏羲皇帝，周室文王，周公，孔父聖人，鬼谷先生，孫臏先生，袁天罡先生，李淳風先生，王輔嗣先生，邵康節先生，年神月將日直功曹，六丁六甲神將，報卦童子，示卦童子，卦中一切聖賢。

今有大元國某州某縣某人，自有呵御，禱祝在前，為占目下所作所謀，有無禍福，有無吉凶，敬將六十四卦內占一卦，三百八十四爻內抽六爻，吉凶得失，悔吝憂虞，惟爾有神，諒垂昭報。三擲云訖，看成何卦，依卦詳斷。

占卦啟請語

從鬼谷斷，重加之輅。

日吉時良，假爾太筮有常，假爾太筮有常，至聖至大至誠，感神聖人作易，幽贊神明，道合乾坤，包含萬象，與天地合其德，與日月合其明，與四時合其序，與鬼神合其吉凶。奉請伏羲、文王、宣虛大聖、君平①先生、鬼谷先生、孫臏先生、管輅②先生、康節③先生、六丁六甲神將、年月日時神將、四直功曹、報卦童子、擲卦童郎，看此香信，各賜降臨。

今月你係某旬某日，某姓某家君子，命繫某生，自有呵御，祝禱在前，為占目下所作休咎，得失未決憂疑。敬就八八六十四卦內專占一卦，三百八十四爻中值何爻，吉則言吉，凶則言凶，莫順人情，莫隨人意，卦象無私，誠應有準。

別：《周書•武成》曰：「惟爾有神，尚克相予，以濟兆民，無作神羞」。

別：傳：「神庶幾助我渡民危害，無為神羞辱」。

別：又擲錢筮文曰：易出天門，參駕九龜，上定三光，下定四時，上為天子除患，下為小人除患，凶則言凶，吉則言吉，某甲祈願，急急如律令。

巽：再筮之時文：天不知，地不知，聖人不知，我不知。內卦已得某卦象，冀明示外卦象。

別加：筮時請神文：是者易家相傳者也，吉備公作，卜云。

謹按：經曰：「大衍之數五十，其用四十有九。分而為二以象兩，掛一以象三，揲之以四以象四時，歸奇於扐以象閏，五歲再閏，故再扐而後掛」。云云。「是故，四營而成易，十有八變而成卦，八卦而小成。引而伸之，觸類而長之，天下之能事畢矣」。

又云：「探賾索隱，鉤深致遠，以定天下之吉凶，成天下之亹亹④者，莫大乎蓍龜。是故天生神物，聖人則之」。

又云：「聖人幽贊神明而生蓍」。

又云：「聖人興神物，以前民用」云云。

聖人遂垂此占筮之教，以使天下後生之人得決嫌疑，定猶豫，不迷於吉凶悔吝之途。由是南瞻部州，大元㊀國某道某州某郡某縣某人某事，今月今日，欲筮而以訣猶豫，仍而一心奉請天神地祇，日月五星，北斗七星，二十八宿，十二宮辰，搖卦童子，示卦童郎，六爻神將，飛伏二神，世應兩將及諸眷屬等，大元㊁國內一切神祇，當方旺化各個靈神，山林河海守護，百靈等。伏羲、文王、周公、孔子、鄭玄⑤、王弼⑥、晦庵⑦，及上來傳易諸先生等一切尊靈等，御冀光降，蓍室俯垂證明，急急如律令，斗衡再拜。

次蓍出於櫝，合五十策，兩手執之，熏於爐上，命之云：假爾泰筮有常，假爾泰筮有常，某人某事云云，未知可否，爰質所疑，於神於靈，吉凶得失，悔吝憂慮，惟爾有神，明告之。

送神文與右同，是無別加之內也。

一心奉送上所請一切尊神，一切尊靈等，各還本宮，向後奉請，即不捨仁惠，念須是垂光降。

注釋

①君平：嚴君平，（西元前86年——西元10年），名遵（據說原名莊君平，東漢班固著《漢書》，因避漢明帝劉莊諱，改寫為嚴君平），蜀郡成都市人。西漢早期道家學者，思想家。漢成帝時隱居成都市井中，以卜筮為業，「因勢導之以善」，宣揚忠孝信義和老子道德經，以惠眾人。參閱《漢書・卷七十二・王貢兩龔鮑傳》。

②管輅（lù）：（209年－256年），字公明，平原（今山東德州平原縣）人。三國時期曹魏術士，精通《周易》，善於卜筮、相術，習鳥語，相傳每言輒中，出神入化。正元初，為少府丞。北宋時被追封為平原子。管輅是歷史上著名的術士，被後世奉為卜卦觀相的祖師。參閱《三國志・魏書第二十九・方技傳・管輅》。

③康節：參閱「邵康節」注釋。

④亹亹（wěiwěi）：連續而不倦怠。

⑤鄭玄：（127年－200年），字康成，北海高密（今山東省濰坊市）人。曾入太學攻《京氏易》、《公羊春秋》及《三統曆》、《九章算術》，又從張恭祖學《古文尚書》、《周禮》和《左傳》等，最後從馬融學古文經。鄭玄治學以古文經學為主，兼採今文經說，遍注儒家經典，著有《天文七政論》、《中侯》等書，共百萬餘言，世稱「鄭學」，為漢代經學的集大成者。他是東漢末年儒家學者、經學大師。參閱《後漢書・卷三十五・列傳第二十五》。

⑥王弼（bì）：參閱「王輔嗣」注釋。

⑦晦庵：朱熹(1130—1200)，字元晦，一字仲晦，號晦庵，別稱紫陽，徽州婺源（今江西婺源縣）人。南宋理學家，其著作有《周易本義》、《四書集注》、《詩集傳》、《楚辭集注》、《通鑒綱目》等。參閱《宋史．列傳第一百八十八・道學三・朱熹》。

校勘記

㈠㈡「大元」，原本作「大日本」，疑誤，據《別加 擲錢卜龜祝語》原文改作。

擲卦爻式

常書無解匙，唯存圖與說，題仍鑒明斷耳。

擲卦爻式					
	銅錢正背面個數	口訣	卦符	名稱	說明
八		兩背由來拆	▬ ▬	少陰	
七		雙眉本是單	▬▬▬	少陽	
六		渾眉交定位	×	老陰	屬▬ ▬，變▬▬▬，主未來事。
九		總背是重安	○	老陽	屬▬▬▬，變▬ ▬，主過去事。

抄本眉批「本者大光錢①也，今者周錢②也」。其數「八、七、六、九」上也有眉批，「八」，屬陰，揲蓍曰少陰。「七」，屬陽，揲蓍曰少陽。「六」屬陰，作拆用，揲蓍曰老陰。主未來事。「九」屬陽，作單用，揲蓍曰老陽。主過去事。

虎易按：左邊「八、七、六、九」，是揲蓍法所取之數，以此對應金錢正背面個數，稱為「少陰、少陽、老陰、老陽」。讀者可參閱《周易本義•筮儀》的內容，理解本圖表內容的含義。

注釋

①大光錢：不知是什麼時代的錢幣。

②周錢：「周元通寶」，是五代十國時期後周的錢幣，周世宗顯德二年（西元955年），周世宗決定下令毀佛，毀佛寺3336所，將佛像中的銅收集起來，取銅像鑄錢。仿照唐代「開元通寶」錢制，開鑄「周元通寶」錢。銅質小平，隸書對讀。種類很多，形製精美，有星月或龍鳳等背紋。每錢背月似為八卦方位之一。因此說月紋與陰陽五行、新生、日初上有密切關係。也是公認的五代錢幣中做工較為精美的錢幣。周元通寶用佛銅鑄造，辟邪效果好，民間有些偏方還將其入藥以用治病。

附以錢代蓍法

以錢三文，熏①於爐上，致敬而祝曰：「天何言哉，叩②之即應，神之靈矣，感而遂通。今有某姓，有事關心，不知休咎，罔釋厥疑③，惟神惟靈，若可若否，望垂昭報④」。祝畢，擲⑤錢：

一背為單，畫

二背為折，畫

三背為重，畫

三字為交，畫

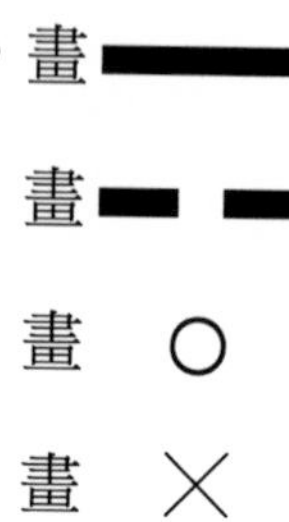

自下裝上，三擲內卦成。

再祝曰：「某宮三象，吉凶未判，再求外象三爻，以成一卦，以決憂疑」。祝畢，復如前法再擲。合成一卦，而斷吉凶。至敬至誠，無不感應。

訣曰：兩背由來拆，雙眉本是單，渾眉交定位，總背是重安。

單單單曰乾，拆拆拆曰坤，單拆單曰離，拆單拆曰坎。

餘卦仿此。

三背為重，三字為交，重交之爻謂發動。重作單屬陽，交作拆屬陰。凡動爻有變，重變拆，交變單，餘爻仿此。

以錢代蓍法銅錢圖片演示圖				
口訣	銅錢正背面個數			卦畫符號
一背為單	背	字	字	▬▬▬
二背為拆	背	背	字	▬ ▬
三背為重	背	背	背	○
三字為交	字	字	字	×

八宮單卦卦象圖

並附每爻形成所搖銅錢的正、背面個數。

乾卦	銅錢正背面個數
⚊	一個背面，兩個正面。
⚊	一個背面，兩個正面。
⚊	一個背面，兩個正面。
初、二、三爻都是陽爻。	
震卦	**銅錢正背面個數**
⚋	兩個背面，一個正面。
⚋	兩個背面，一個正面。
⚊	一個背面，兩個正面。
初爻為陽爻，二、三爻為陰爻。	
離卦	**銅錢正背面個數**
⚊	一個背面，兩個正面。
⚋	兩個背面，一個正面。
⚊	一個背面，兩個正面。
初為陽爻，二為陰爻，三為陽爻。	
兌卦	**銅錢正背面個數**
⚋	兩個背面，一個正面。
⚊	一個背面，兩個正面。
⚊	一個背面，兩個正面。
初、二爻為陽爻，三爻為陰爻。	

坤卦	銅錢正背面個數
⚋	兩個背面，一個正面。
⚋	兩個背面，一個正面。
⚋	兩個背面，一個正面。
初、二、三爻都是陰爻。	
艮卦	**銅錢正背面個數**
⚊	一個背面，兩個正面。
⚋	兩個背面，一個正面。
⚋	兩個背面，一個正面。
初、二爻為陰爻，三爻為陽爻。	
坎卦	**銅錢正背面個數**
⚋	兩個背面，一個正面。
⚊	一個背面，兩個正面。
⚋	兩個背面，一個正面。
初為陰爻，二為陽爻，三為陰爻。	
巽卦	**銅錢正背面個數**
⚊	一個背面，兩個正面。
⚊	一個背面，兩個正面。
⚋	兩個背面，一個正面。
初爻為陰爻，二、三爻為陽爻。	

注釋

①熏（xūn）：氣味或煙氣接觸物品，使變顏色和沾上氣味。

②叩（kòu）：磕頭，拜。

③罔（wǎng）釋厥（jué）疑：迷惑而得不得解釋，因此而產生疑惑。

④昭（zhāo）報：明白的告訴。

⑤擲（zhì）：扔，拋。

成卦假令①例

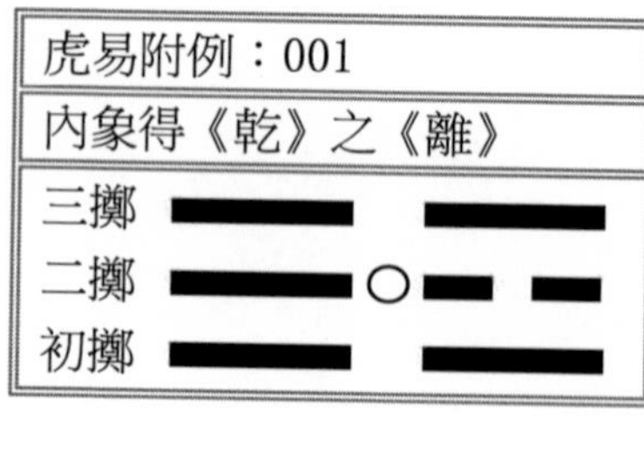

凡占，盥手焚香，致禱於神明之前，三錢擲於盤中。

假令初擲為⚊，是之謂單，第二擲為○，是之謂重，第三擲為⚊，是之謂單。此為內象得《乾》之《離》。

更求外象三爻，因成一卦。

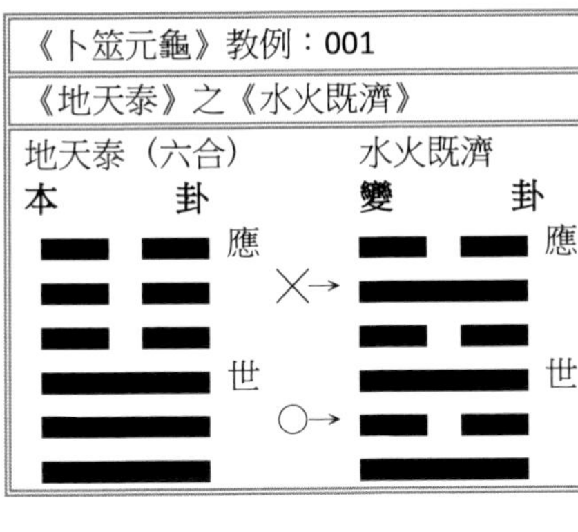

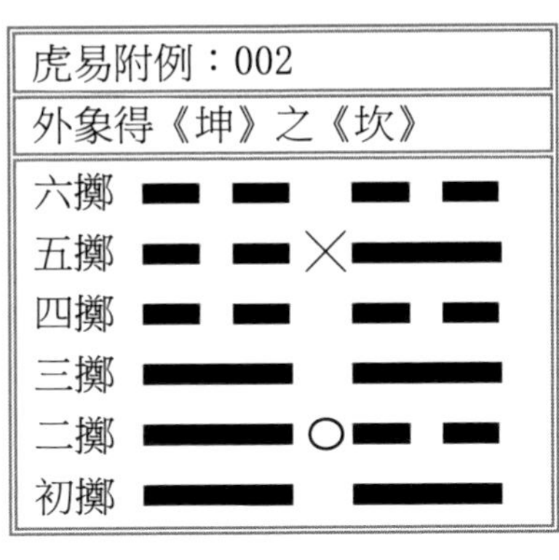

第四擲為- -，是之謂拆，第五擲為×，是之謂交，第六擲是- -，是之謂拆。此變成四千九十六卦也。為外象得《坤》之《坎》。

合而言之，為《地天泰》之《水火既濟》：此謂一卦變六十四卦。

虎易按：擲卦爻後，畫卦爻的順序，是從初爻開始，從下往上畫，二、三、四、五、至於上爻。六爻成卦，讀卦名時，則是從上往下讀。如此例「內象得《乾》之《離》，外象得《坤》之《坎》」，合成六爻卦，則卦名讀做《地天泰》之《水火既濟》。其中的「之」字，就是「變」的意思。讀者注意理解明白，不要混淆了。

注釋

①假令：假設。

斷卦名大象例

假令《泰》之《既濟》，以卦名斷之，是人情通泰，事無不濟。以《泰》之大象曰：「天地交泰，後以財成天地之道，輔相天地之宜，以左右民㊀」。是上下交泰，裁度施為，吉無不利。然事雖已成，尤當如《既濟》之思患預防，以保其終也。

虎易按：此節內容，是以例說明採用卦名，以及主卦的象辭判斷吉凶。當然，除此以外，應用卦的象辭、爻辭，也是可以輔助判斷吉凶的。具體的應用方法，參見下節內容。

校勘記

㊀「以左右民」，原本脫漏，據《泰•象》原文補入。

支①變卦爻例

凡卦一爻動，以本卦動爻占。

二爻動，以下變爻為主，上變爻為應。

鑒明斷云：「二爻變，以上變爻為主」。又或書云：「二爻變則以本卦二變爻辭占，仍以下變爻為主，上變爻為應」。

三爻動，以本卦彖辭為主，變卦彖辭為應。

晦庵彖辭乃斷下之彖辭。

鑒明斷云：「三爻變，以中變者為主。

四爻動，以上不變爻辭為主，下不變爻辭為應。

鑒明云：「四爻變，以下不變者為主」。又或書云：「四爻變，則以卦二不變爻辭占，以上不變爻辭為主，下不變爻辭為應」。

五爻動，則以靜者為主。

或書云：「五爻變，則以之卦不變爻占」。

六爻變，變則乾坤占二用，餘卦占之卦彖辭。

六爻動，以變卦彖辭占。

六爻靜，以象占。假令《泰》之《既濟》，以九二爻辭詩斷。詳其大意，至於人事萬變，配以支干六神，定其禍福。且聖人作易，非惟觀往，正欲知來，庶乎吉凶，使人知所趨避耳。

六爻俱不變，則以本卦彖辭占。

晦庵曰：「彖辭乃卦下之辭，是或說」。

鑒明斷云：「六爻皆不變，則用本卦彖辭占」。

虎易按：朱熹《易學啟蒙•考變占》曰：

凡卦六爻皆不變，則占本卦彖辭。而以內卦為貞，外卦為悔。

一爻變，則以本卦變爻辭占。

二爻變，則以本卦二變爻辭占，仍以上爻為主。

三爻變，則占本卦及之卦之彖辭，而以本卦為貞，之卦為悔，前十卦主貞，後十卦主悔。

四爻變，則以之卦二不變爻占，仍以下爻為主。

五爻變，則以之卦不變爻占。

六爻變，則《乾》《坤》占二用，餘卦占之卦彖辭。

以上幾種變占的方法，讀者可以互相參考，在實踐中應用。我的看法是，不管採用什麼方法，都要以能夠與所測的事物相吻合為宜。

注釋

①支：卦爻有動則變，變卦也稱為「支卦」、「之卦」。

八卦定象

單單見單初一曰乾，拆單見拆坎居二焉，拆拆見單次三曰震，單拆見拆艮為四等。單單見拆次五曰巽，單拆見單離卦六遯，拆拆見拆次七曰坤，拆單見單兌終八門。

虎易按：此歌訣所述卦爻的單拆順序，是從上往下數的，與擲錢畫卦爻順序從下往上畫，是不同的。讀者注意分辨，不要混淆。

別加　原八卦象

鑒明斷

奇奇而奇初一曰乾，偶奇而奇兌居二焉，奇偶而奇次三曰離，偶偶而奇震卦四隨。奇奇而偶次五為巽，偶奇而偶坎以六遯，奇偶而偶次七曰艮，偶偶而偶坤畢八等。

虎易按：「奇、偶」是「揲蓍法」所用名詞，「單、拆」是「以錢代蓍法」所用名詞，但意思都一樣，「奇」與「單」表示陽爻，「偶」與「拆」表示陰爻。讀者對這些專用名詞，一定要理解明白，否則容易混淆。

此歌訣與「八卦定象」歌訣的不同之處，只是採用名詞不同，所述奇偶的順序，也是從上往下數的。

八卦取象

乾三連、☰；坤六斷、☷；震仰盂、☳；艮覆碗、☶；
離中虛、☲；坎中滿、☵；兌上缺、☱；巽下斷、☴。

《周易本義·八卦取象歌》圖

卦名	乾	坤	震	艮	離	坎	兌	巽
卦象	☰	☷	☳	☶	☲	☵	☱	☴
歌訣	乾三連	坤六斷	震仰盂	艮覆碗	離中虛	坎中滿	兌上缺	巽下斷

八卦所屬

《乾》天，屬金。《坎》水，屬水。《艮》山，屬土。《震》雷，屬木。《巽》風，屬木。《離》火，屬火。《坤》地，屬土。《兌》澤，屬金。

八卦納甲

壬甲從乾說，乙癸向坤求，庚來震上立，辛出巽方遊。戊從坎處起，離用己為頭，丙向艮門入，丁出兌家流。

虎易按：此歌訣是描述八卦納入天干的體例。例如「壬甲從乾說」，指《乾》卦納入的天干為「壬」和「甲」。「乙癸向坤求」，指《坤》卦納入的天干為「乙」和「癸」。「庚來震上立」，指《震》卦納入的天干為「庚」。「辛出巽方遊」，指《巽》卦納入的天干為「辛」。「戊從坎處起」，指《坎》卦納入的天干為「戊」。「離用己為頭」，指《離》卦納入的天干為「己」。「丙向艮門入」，指「艮」卦納入的天干為「丙」。「丁出兌家流」，指《兌》卦納入的天干為「丁」。

作者此說，是解釋京氏易納天干的問題，使十天干完整的納入八卦之中。《易冒納甲章》曰：「冬至後下納甲乙，上納壬癸；夏至後下納壬癸，上納甲乙。而後交互變化，甲子咸備」。此說是對「壬甲從乾說，乙癸向坤求」的合理解釋。

讀者可參閱「乾坤冬至後、夏至後納干支圖」，理解乾坤兩卦納天干的含義。

乾坤冬至後、夏至後納干支圖

八卦 納幹支 爻位	乾	坤	乾	坤
上六	壬戌土	癸酉金	甲戌土	乙酉金
五爻	壬申金	癸亥水	甲申金	乙亥水
四爻	壬午火	癸丑土	甲午火	乙丑土
三爻	甲辰土	乙卯木	壬辰土	癸卯木
二爻	甲寅木	乙巳火	壬寅木	癸巳火
初爻	甲子水	乙未土	壬子水	癸未土
	冬至後		夏至後	

讀者也可參考下節「渾天六點陣圖」，理解八卦納入天干體例的內容，以便今後能熟練應用。

渾天六點陣圖

八卦／爻位	乾	坎	艮	震	巽	離	坤	兌
上　六	壬戌土	戊子水	丙寅木	庚戌土	辛卯木	己巳火	癸酉金	丁未土
五　爻	壬申金	戊戌土	丙子水	庚申金	辛巳火	己未土	癸亥水	丁酉金
四　爻	壬午火	戊申金	丙戌土	庚午火	辛未土	己酉金	癸丑土	丁亥水
三　爻	甲辰土	戊午火	丙申金	庚辰土	辛酉金	己亥水	乙卯木	丁丑土
二　爻	甲寅木	戊辰土	丙午火	庚寅木	辛亥水	己丑土	乙巳火	丁卯木
初　爻	甲子水	戊寅木	丙辰土	庚子水	辛丑土	己卯木	乙未土	丁巳火

虎易按：「渾天」，是「渾天甲子」的簡稱。「六位」，是指卦的六個爻位。以上內容，是八宮六十四卦，各爻納入天干地支五行的定例。為便於讀者閱讀理解，按原本內容製作成表格形式，並在左邊加入爻位格式，便於讀者對照。

六十四卦

乾宮八卦　金兆屬陽

䷀六世㊀乾為天、䷫一世天風姤、䷠二世天山遯、䷋三世天地否。

䷓四世風地觀、䷖五世山地剝、䷢遊魂火地晉、䷍歸魂火天大有。

坎宮八卦　水兆屬陽

䷜六世坎為水、䷻一世水澤節、䷂二世水雷屯、䷾三世水火既濟。

䷰四世澤火革、䷶五世雷火豐、䷣遊魂地火明夷、䷆歸魂地水師。

艮宮八卦　土兆屬陽

䷳六世艮為山、䷕一世山火賁、䷙二世山天大畜、䷨三世山澤損。

䷥四世火澤睽、䷉五世天澤履、䷼遊魂風澤中孚、䷴歸魂風山漸。

震宮八卦　木兆屬陽

䷲六世震為雷、䷏一世雷地豫、䷧二世雷水解、䷟三世雷風恒。

䷭四世地風升、䷯五世水風井、䷛遊魂澤風大過、䷐歸魂澤雷隨。

巽宮八卦　木兆屬陰

䷸六世巽為風、䷈一世風天小畜、䷤二世風火家人、䷩三世風雷益。

䷘四世天雷无妄、䷔五世火雷噬嗑、䷚遊魂山雷頤、䷑歸魂山風蠱。

離宮八卦　火兆屬陰

䷝六世離為火、䷷一世火山旅、䷱二世火風鼎、䷿三世火水未濟。

䷃四世山水蒙、䷺五世風水渙、䷅遊魂天水訟、䷌歸魂天火同人。

坤宮八卦　土兆屬陰

䷁六世坤為地、䷗一世地雷復、䷒二世地澤臨、䷊三世地天泰。

䷡四世雷天大壯、䷪五世澤天夬、䷄遊魂水天需、䷇歸魂水地比。

兑宮八卦　金兆屬陰

䷹六世兑為澤、䷮一世澤水困、䷬二世澤地萃、䷞三世澤山咸。

䷦四世水山蹇、䷎五世地山謙、䷽遊魂雷山小過、䷵歸魂雷澤歸妹。

校勘記

㊀原本八宮首卦都沒有注明世爻位置，據本文內容體例及首卦世爻位補入世爻位置，其他各宮首卦仿此。

附《周易本義・上下經卦名次序歌》

乾坤屯蒙需訟師，比小畜兮履泰否；同人大有謙豫隨，蠱臨觀兮噬嗑賁；剝復无妄大畜頤，大過坎離三十備。

咸恒遯兮及大壯，晉與明夷家人睽；蹇解損益夬姤萃，升困井革鼎震繼；艮漸歸妹豐旅巽，兌渙節兮中孚至；小過既濟兼未濟，是為下經三十四。

《周易本義•上下經卦名次序歌》表

上經三十卦

乾坤屯蒙需訟師，比小畜兮履泰否；同人大有謙豫隨，

蠱臨觀兮噬嗑賁；剝復无妄大畜頤，大過坎離三十備。

乾為天	坤為地	水雷屯	山水蒙	水天需	天水訟	地水師	水地比
風天小畜	天澤履	地天泰	天地否	天火同人	火天大有	地山謙	雷地豫
澤雷隨	山風蠱	地澤臨	風地觀	火雷噬嗑	山火賁	山地剝	地雷復
天雷无妄	山天大畜	山雷頤	澤風大過	坎為水	離為火		

下經三十四卦

咸恒遁兮及大壯，晉與明夷家人睽；蹇解損益夬姤萃，升困井革鼎震繼；

艮漸歸妹豐旅巽，兌渙節兮中孚至；小過既濟兼未濟，是為下經三十四。

澤山咸	雷風恒	天山遯	雷天大壯	火地晉	地火明夷	風火家人	火澤睽
水山蹇	雷水解	山澤損	風雷益	澤天夬	天風姤	澤地萃	地風升
澤水困	水風井	澤火革	火風鼎	震為雷	艮為山	風山漸	雷澤歸妹
雷火豐	火山旅	巽為風	兌為澤	風水渙	水澤節	風澤中孚	雷山小過
水火既濟	火水未濟						

附：八宮六十四卦卦名表

	八純卦	一變	二變	三變	四變	五變	六變	七變
乾宮	乾為天	天風姤	天山遯	天地否	風地觀	山地剝	火地晉	火天大有
坎宮	坎為水	水澤節	水雷屯	水火既濟	澤火革	雷火豐	地火明夷	地水師
艮宮	艮為山	山火賁	山天大畜	山澤損	火澤睽	天澤履	風澤中孚	風山漸
震宮	震為雷	雷地豫	雷水解	雷風恒	地風升	水風井	澤風大過	澤雷隨
巽宮	巽為風	風天小畜	風火家人	風雷益	天雷无妄	火雷噬嗑	山雷頤	山風蠱
離宮	離為火	火山旅	火風鼎	火水未濟	山水蒙	風水渙	天水訟	天火同人
坤宮	坤為地	地雷復	地澤臨	地天泰	雷天大壯	澤天夬	水天需	水地比
兌宮	兌為澤	澤水困	澤地萃	澤山咸	水山蹇	地山謙	雷山小過	雷澤歸妹

推飛伏例要決

飛神是世定於真，伏神還從本卦輪，純卦歸魂來去換，遞相交代是其神。
乾家伏神坤家覓，坤家伏神乾家求，震巽彼此相抽換，遞相來往自通流。
兑卦伏神艮位取，艮家伏神兑家遊，坎要伏神離家索，離覓伏神坎家抽。
俱於本宫起納甲，從初數至世爻休。

別加 鬼谷斷云

飛神，即世位是也。伏神，一世卦至遊魂六卦，但認本宮渾天甲子六位。如《乾》宮一世則起甲子，至遊魂卦則起丙㊀戌是也。八純《乾》卦，則用《坤》卦第六位癸酉。歸魂卦，則用《坤》宮第三位乙卯。餘卦㊁仿此。

虎易按：讀者可參閱下面所附《京氏易傳》世爻飛伏表，理解此節內容。

校勘記

㊀「丙」，原本作「壬」，疑誤，據《京氏易傳》飛伏體例改作。

㊁「卦」，原本脫漏，據《新鍥斷易天機•論伏類•鬼谷斷云》原文補入。

《京氏易傳》世爻飛伏表

八宮	八純 上世	一變 初世	二變 二世	三變 三世	四變 四世	五變 五世	遊魂 四世	歸魂 三世
乾宮	乾 壬戌土 癸酉金	姤 辛丑土 甲子水	遯 丙午火 甲寅木	否 乙卯木 甲辰土	觀 辛未土 壬午火	剝 丙子水 壬申金	晉 己酉金 丙戌土	大有 甲辰土 乙卯木
震宮	震 庚戌土 辛卯木	豫 乙未土 庚子水	解 戊辰土 庚寅木	恒 辛酉金 庚辰土	升 癸丑土 庚午火	井 戊戌土 庚申金	大過 丁亥水 戊申金	隨 庚辰土 辛酉金
坎宮	坎 戊子水 己巳火	節 丁巳火 戊寅木	屯 庚寅木 戊辰土	既濟 己亥水 戊午火	革 丁亥水 戊申金	豐 庚申金 戊戌土	明夷 癸丑土 庚午火	師 戊午火 己亥水
艮宮	艮 丙寅木 丁未土	賁 己卯木 丙辰土	大畜 甲寅木 丙午火	損 丁丑土 丙申金	睽 己酉金 丙戌土	履 壬申金 丙子水	中孚 辛未土 壬午火	漸 丙申金 丁丑土
坤宮	坤 癸酉金 壬戌土	復 庚子水 乙未土	臨 丁卯木 乙巳火	泰 甲辰土 乙卯木	大壯 庚午火 癸丑土	夬 丁酉金 癸亥水	需 戊申金 丁亥水	比 乙卯木 甲辰土
巽宮	巽 辛卯木 庚戌土	小畜 甲子水 辛丑土	家人 己丑土 辛亥水	益 庚辰土 辛酉金	无妄 壬午火 辛未土	噬嗑 己未土 辛巳火	頤 丙戌土 己酉金	蠱 辛酉金 庚辰土
離宮	離 己巳火 戊子水	旅 丙辰土 己卯木	鼎 辛亥水 己丑土	未濟 戊午火 己亥水	蒙 丙戌土 己酉金	渙 辛巳火 己未土	訟 壬午火 辛未土	同人 己亥水 戊午火
兌宮	兌 丁未土 丙寅木	困 戊寅木 丁巳火	萃 乙巳火 丁卯木	咸 丙申金 丁丑土	蹇 戊申金 丁亥水	謙 癸亥水 丁酉金	小過 庚午火 癸丑土	歸妹 丁丑土 丙申金

別加　同推飛伏例要訣

從鬼谷斷載

飛神是世定其㊀真，伏神還從本位輪，但於本宮起納甲，互相交代是其神。
純卦歸魂來去候，從初至世是伏神，乾家伏神坤家取，坤卦伏神乾家尋。
震巽彼此相抽換，遞相往來自通流，兌卦伏神艮邊取，艮卦伏神兌家遊。
坎卦伏神離家索，離卦伏神坎家抽，兩卦但從相對取，從初數至世爻休。

校勘記

㊀「其」，原本作「於」，疑誤，據《新鍥斷易天機•論伏類》原文改作。

推卦內世應所在法

一世卦應在四，二世卦應在五，三世卦應在六，四世卦應在初，五世卦應在二，遊魂卦應在初，歸魂卦應在六。凡八純，世在六應在三。

八宮卦及安世爻、應爻對照表

八宮	八純卦	一世卦	二世卦	三世卦	四世卦	五世卦	遊魂卦	歸魂卦
乾宮	乾為天	天風姤	天山遯	天地否	風地觀	山地剝	火地晉	火天大有
坎宮	坎為水	水澤節	水雷屯	水火既濟	澤火革	雷火豐	地火明夷	地水師
艮宮	艮為山	山火賁	山天大畜	山澤損	火澤睽	天澤履	風澤中孚	風山漸
震宮	震為雷	雷地豫	雷水解	雷風恒	地風升	水風井	澤風大過	澤雷隨
巽宮	巽為風	風天小畜	風火家人	風雷益	天雷无妄	火雷噬嗑	山雷頤	山風蠱
離宮	離為火	火山旅	火風鼎	火水未濟	山水蒙	風水渙	天水訟	天火同人
坤宮	坤為地	地雷復	地澤臨	地天泰	雷天大壯	澤天夬	水天需	水地比
兌宮	兌為澤	澤水困	澤地萃	澤山咸	水山蹇	地山謙	雷山小過	雷澤歸妹
世爻	上爻	初爻	二爻	三爻	四爻	五爻	四爻	三爻
應爻	三爻	四爻	五爻	上爻	初爻	二爻	初爻	上爻

推八節旺廢例

凡占先看內卦是何卦，然後考其旺廢。大抵旺相則吉，休廢終是無成。

春木旺，火相，土死，金囚，水休。

夏火旺，土相，金死，水囚，木休。

秋金旺，水相，木死，火囚，土休。

冬水旺，木相，火死，土囚，金休。

四季旺相休囚死表

四季	旺	相	休	囚	死
春	木	火	水	金	土
夏	火	土	木	水	金
秋	金	水	土	火	木
冬	水	木	金	土	火

推八節旺廢例

節氣＼狀態	立春正月節	春分二月中	立夏四月節	夏至五月中	立秋七月節	秋分八月中	立冬十月節	冬至十一中
旺	艮	震	巽	離	坤	兑	乾	坎
相	震	巽	離	坤	兑	乾	坎	艮
胎	巽	離	坤	兑	乾	坎	艮	震
沒[1]	離	坤	兑	乾	坎	艮	震	巽
死	坤	兑	乾	坎	艮	震	巽	離
囚	兑	乾	坎	艮	震	巽	離	坤
休	乾	坎	艮	震	巽	離	坤	兑
廢	坎	艮	震	巽	離	坤	兑	乾

注釋

①沒（mò）：隱沒、消失。

十干合

甲與己合，乙與庚合，丙與辛合，丁與壬合，戊與癸合。

別加　十干合　日月與世應同

鑒明斷

甲日己世，己日甲世，此是日與世合也。如甲月己世，己月甲世，此是月與世合也。又有世與應合，應與世合。且如《火天大有》一卦，世是甲辰土，應是己巳火，甲己合之類是也。

虎易按：此例「世應相合」，是指世應的天干相合。

《卜筮元龜》教例：002		
乾宮：火天大有（歸魂）		
本　　卦		
官鬼己巳火	▅▅▅▅▅	應
父母己未土	▅▅　▅▅	
兄弟己酉金	▅▅▅▅▅	
父母甲辰土	▅▅▅▅▅	世
妻財甲寅木	▅▅▅▅▅	
子孫甲子水	▅▅▅▅▅	

十二支合

子丑合，午未合，辰酉合，卯戌合，寅亥合，巳申合。

別加 十二支合 日月與世應同

鑒明斷

子日丑世，丑日子世，此日與世合也。
子世丑月，丑世子月，此是月與世合。
又子世丑應，丑世子應。

假令如《地天泰》卦：

《卜筮元龜》教例：003

坤宮：地天泰（六合）

本　　卦

子孫癸酉金	▅▅　▅▅	應
妻財癸亥水	▅▅　▅▅	
兄弟癸丑土	▅▅　▅▅	
兄弟甲辰土	▅▅▅▅▅	世
官鬼甲寅木	▅▅▅▅▅	
妻財甲子水	▅▅▅▅▅	

甲辰世，癸酉應，是世與應合之類也。

虎易按：此例「世應相合」，是指世應的地支相合。

五行相生剋比和例

相生：金生水，水生木，木生火，火生土，土生金。
相剋：金剋木，木剋土，土剋水，水剋火，火剋金。
比和：金見金，木見木，土見土，水見水，火見火。

五行配六親法㈠

以卦宮所屬五行㈡為我，渾天甲子所屬五行㈢為他。生我者為父母，我生者為子孫，剋我者為官鬼，我剋者為妻財，比和者為兄弟。

校勘記

㈠「五行配六親法」，原本作「五位配卦」，疑誤，據其內容文意改作。
㈡㈢「五行」，原本脫漏，據其文意補入。

凡卜卦法

常以世為我，應為他人。世若剋應我吉，應若剋世我凶。內卦剋外吉，外卦剋內凶。

空亡法

空亡，八大凶神也。

甲子旬戌亥，甲戌旬申酉，甲申旬午未，甲午旬辰巳，甲辰旬寅卯，甲寅旬子丑。

五姓所屬法

宮姓屬土，商姓屬金，角姓屬木，徵姓屬火，羽姓屬水。

別加　天喜神歌

鑒明斷載

春戌夏丑為天喜，秋辰冬未三三止，世中遇此必欣欣，官事無休終得理。

虎易按：《周易尚占・天喜》曰：「春戌夏丑為天喜，秋辰冬未三三止，世上遇此必歡欣，百事得之皆有理」。讀者可互相參考。

別加　論三合

寅午戌兮巳酉丑，亥卯未兮申子辰，若還世應來相剋，雖然有合也無成。且如世是申，應是子辰，此謂之三合。餘皆仿此。又怕相剋，雖有三合，不可謂之吉。

論四刑

鑒明斷

寅申巳亥為四刑，凡作㊀百事無一成，婚姻官事皆凶咎，縱得相生也不亨。寅刑申，巳刑亥。且如世亥應巳，世巳應亥，或世寅應申，世申應寅。如世應相生，雖或比和，亦為不吉也。

另補：子刑卯，丑刑戌，寅刑巳，巳刑申，申刑寅。

虎易按：「寅刑申，巳刑亥」。此處所說的「刑」，其實是「沖」的關係。從「且如世亥應巳，世巳應亥，或世寅應申，世申應寅」，就可以看出，這裡所指都是世應相沖的關係。「如世應相生，雖或比和，亦為不吉也」，此節論述「寅申巳亥」四刑及注釋，都是世應相沖，不可能出現世應相生或者比和。因此，所謂「四刑」的說法，是不合理的，讀者注意分辨。

校勘記

㊀「作」，原本作「合」，疑誤，據《卜筮全書·神煞歌例·四刑》原文改作。

論四極

鑒明斷

子午卯酉為四極，凡有所占遇無益，雖然世應得相生，決定多凶主①少吉㊀。子與午是，卯與酉是。且如世子應午，應子世午，或世卯應酉，世酉應卯，凡占遇之不吉也。

虎易按：「子午卯酉為四極」，注釋為「子與午是，卯與酉是」。此處所說的「四極」，其實也是「沖」的關係。從其注釋「且如世子應午，應子世午，或世卯應酉，世酉應卯」，就可以看出，這裡所指都是世應相沖的關係。

原本「雖然世應得相生」，既然世應相沖，又怎麼可能出現世應相生的情況呢？因此，所謂「四極」的說法，也是不合理的，請讀者注意分辨。

本書所述「四刑」、「四極」、「四沖」三個名詞概念，究其本質，都屬於「六沖」性質。因此，所謂「四刑」、「四極」、「四沖」的名詞，應該取消，或一併改作「六沖」為宜，提請讀者參考。

注釋

①主：預示。如「主吉」，即預示吉。「主凶」，即預示凶。「主風」，即預示有風。其他均仿此。

校勘記

㊀「決定多凶主少吉」，原本作「是事乖離主凶惹」，疑誤，據《卜筮全書・四極》原文改作。

別加　論劫殺

鑒明斷

巳酉丑劫殺在㊀寅，申子辰劫殺在巳，寅午戌劫殺在亥，亥卯未劫殺在申。

校勘記

㊀「在」，原本作「有」，疑誤，據其後文用字體例改作。

易卦發蒙歌

乾為天為父，

三畫皆奇，稟純陽之氣，故為天、為父。

坤為地為母。

三爻皆偶，俱⊖純陰之體，故為地、為母。

震坎艮為男，巽離兌為女。

《震》初爻奇，故謂之長男。《坎》中爻奇，故謂之中男。《艮》上爻奇，故謂之少男。《巽》初爻偶，故謂之長女。《離》中爻偶，故謂之中女。《兌》上爻偶，故謂之少女。

卦名	卦形	人物
乾	☰	父
兌	☱	少女
離	☲	中女
震	☳	長男
巽	☴	長女
坎	☵	中男
艮	☶	少男
坤	☷	母

八卦配五行，水火木金土。

《乾》、《兌》屬金，《震》、《巽》屬木，《離》屬火，《坎》屬水，《坤》、《艮》屬土。

內外卦既成，

凡占，初擲者名為初爻，自下向上。假令初、二、三擲皆奇，是謂內卦得《乾》。再三擲皆偶，是謂外卦得《坤》。合而言之，為《地天泰》卦，他並仿此。

《卜筮元龜》教例：004

坤宮：地天泰（六合）

本　　卦

子孫癸酉金	▅▅　▅▅	應
妻財癸亥水	▅▅　▅▅	
兄弟癸丑土	▅▅　▅▅	
兄弟甲辰土	▅▅▅▅▅	世
官鬼甲寅木	▅▅▅▅▅	
妻財甲子水	▅▅▅▅▅	

考渾天甲子。

見前決例，此段最要熟記。

我生為子孫，

如金宮卦，見水爻便是。凡卦有子孫，謂之福德爻。

生我為父母。

如金宮卦，見土爻者是。凡卦中父母爻動，憂子孫。

我剋者為財，

如金宮卦，見木爻者是。凡占財爻動合殺，憂父母病。

妻妾財同此。

凡婚姻及求財，皆要此卦爻旺相有氣，不落空亡。

剋我者為鬼，

如金宮卦，見巳午火爻。凡疾病皆視此，知鬼神情狀。

求官亦堪許。

選舉、求官皆視此爻，以得時為貴。得時者，春寅卯，夏巳午，秋申酉，冬亥子。更忌有子孫爻動剋官鬼。

比和為兄弟，蓋因同類取。

如金宮，見申酉爻，此爻動，忌妻妾疾病。

喜慶視青龍，

屬木，春旺。其神若同子孫發動，及持世有氣，不落空亡，主有婚姻、官祿、財帛，添進人口之喜。

凶喪視白虎。

屬金，秋旺。其神臨身、世、應，及與鬼爻、財爻同宮有氣，定主有孝服，不動不剋好。

口舌應朱雀，

屬火，夏旺。其神臨身、世、應，或動剋身、世、應吉。與財爻同宮，定主文書、口舌，公事立至，無氣則吉也。

陰私驗玄武。

屬水，冬旺。其神動剋身、世、應，主女人㊁疾病，盜賊事。

騰蛇多怪夢，

屬土，四季旺。其神吉，若剋身、世、應，主憂疑、虛驚、怪夢。

勾陳事田土。

屬土，四季旺。其神動剋身、世、應，主有疾病、官司，相爭田土、屋宅、山林之事。若刑世、應，主墳墓不安。

動爻驗支變①，

支變者，謂如《乾》支《巽》，則吉，是子爻支成丑，所謂子與丑合。

《卜筮元龜》教例：005						
乾宮：乾為天（六沖）				巽宮：巽為風（六沖）		
本　卦				**變　卦**		
父母壬戌土	▅▅▅	世		妻財辛卯木	▅▅▅	世
兄弟壬申金	▅▅▅			官鬼辛巳火	▅▅▅	
官鬼壬午火	▅▅▅		○→	父母辛未土	▅ ▅	
父母甲辰土	▅▅▅	應		兄弟辛酉金	▅▅▅	應
妻財甲寅木	▅▅▅			子孫辛亥水	▅▅▅	
子孫甲子水	▅▅▅		○→	父母辛丑土	▅ ▅	

或支得《離》，是子刑卯則凶。

虎易按：此例子爻是靜爻，與「動爻驗支變」之意不符，提請讀者注意分辨。

《卜筮元龜》教例：006

乾宮：乾為天（六沖）			離宮：離為火（六沖）	
本卦			**變卦**	
父母壬戌土	▅▅▅▅▅	世	官鬼己巳火	▅▅▅▅▅ 世
兄弟壬申金	▅▅▅▅▅	○→	父母己未土	▅▅　▅▅
官鬼壬午火	▅▅▅▅▅		兄弟己酉金	▅▅▅▅▅
父母甲辰土	▅▅▅▅▅	應	子孫己亥水	▅▅▅▅▅ 應
妻財甲寅木	▅▅▅▅▅	○→	父母己丑土	▅▅　▅▅
子孫甲子水	▅▅▅▅▅		妻財己卯木	▅▅▅▅▅

或支得《艮》，是子遇辰，更得申日、或申旬、或申月，為三合申子辰，求事則吉。

《卜筮元龜》教例：007	
乾宮：乾為天（六冲）	艮宮：艮為山（六冲）
本　　卦	**變　　卦**
父母壬戌土▅▅▅▅▅世	妻財丙寅木▅▅▅▅▅世
兄弟壬申金▅▅▅▅▅　○→	子孫丙子水▅▅　▅▅
官鬼壬午火▅▅▅▅▅　○→	父母丙戌土▅▅　▅▅
父母甲辰土▅▅▅▅▅應	兄弟丙申金▅▅▅▅▅應
妻財甲寅木▅▅▅▅▅　○→	官鬼丙午火▅▅　▅▅
子孫甲子水▅▅▅▅▅　○→	父母丙辰土▅▅　▅▅

或之得《坤》，是子遇未，為六害凶。他並仿此，消息推之。

虎易按：「動爻驗支變」所附卦例，是以一個爻的動和變，來論述動變之間的關係，並沒有涉及其他卦爻。讀者注意，這裡不是對整個卦在進行分析，只是借一個爻的動變，告訴讀者認識動變分析的方法。

《卜筮元龜》教例：008

乾宮：乾為天（六沖）				坤宮：坤為地（六沖）		
本　　卦				**變　　卦**		
父母壬戌土	▅▅▅▅▅	世	○→	兄弟癸酉金	▅▅　▅▅	世
兄弟壬申金	▅▅▅▅▅		○→	子孫癸亥水	▅▅　▅▅	
官鬼壬午火	▅▅▅▅▅		○→	父母癸丑土	▅▅　▅▅	
父母甲辰土	▅▅▅▅▅	應	○→	妻財乙卯木	▅▅　▅▅	應
妻財甲寅木	▅▅▅▅▅		○→	官鬼乙巳火	▅▅　▅▅	
子孫甲子水	▅▅▅▅▅		○→	父母乙未土	▅▅　▅▅	

大殺日下數。

甲乙豬，丙丁羊，戊己犬，庚辛虎，壬癸蛇。

天喜喜事至，

正戌，二亥，三子，四丑，五寅，六卯，七辰，八巳，九午，十未，十一申，十二酉。

一說云：春戌、夏丑、秋辰、冬未。

遇貴謀薦舉。

甲戊庚日牛羊，乙己日鼠猴，丙丁日豬雞，壬癸日兔蛇，六辛逢虎馬，此是貴人方。此天乙貴人，卦中有此爻者，得貴人攜持。

天乙貴人表	
天干	貴人
甲	丑未
乙	申子
丙	酉亥
丁	酉亥
戊	丑未
己	申子
庚	丑未
辛	寅午
壬	卯巳
癸	卯巳

虎易按：「甲戊庚日牛羊，乙己日鼠猴，丙丁日豬雞，壬癸日兔蛇，六辛逢虎馬，此是貴人方」，《卜筮全書•神殺歌例•天乙貴人》、《新鍥斷易天機•吉神歌訣例•論天乙貴人例》、《卜筮正宗啟蒙節要貴人歌訣》曰：「甲戊兼牛羊，乙己鼠猴鄉，丙丁豬雞位，壬癸兔蛇藏，庚辛逢馬虎，此是貴人方」。以上三本書與本書與的差異，是庚的定位問題，學術界目前對此並無統一的定論。供讀者參考，讀者可以在實踐中去應用，檢驗其正誤。

六合百事吉。

子與丑合，寅與亥合，卯與戌合，辰與酉合，巳與申合，午與未合。子日，丑爻動、持世，皆吉。

地支相合表	
地支	相合
子	丑
丑	子
寅	亥
卯	戌
辰	酉
巳	申
午	未
未	午
申	巳
酉	辰
戌	卯
亥	寅

六害百事阻。

子害未，丑害午，寅害巳，卯害辰，亥害申，戌害酉。逢之則百事阻隔。

地支相害表	
地支	相害
子	未
丑	午
寅	巳
卯	辰
辰	卯
巳	寅
午	丑
未	子
申	亥
酉	戌
戌	酉
亥	申

刑沖與墓絕，舉動多憂阻。

刑謂：子刑卯，丑刑戌，寅刑巳，巳刑申，申刑寅。

四沖謂：子午、卯酉、寅申、巳亥、辰戌、丑未。

四墓謂：金墓丑，木墓未，火墓戌，水土墓在辰。

四絕謂：金絕寅，木絕申，火絕亥，水土絕在巳。

虎易按：「刑」，即「三刑」。本注釋刑例不太完整。《五行大義●第十一論刑》曰：「子刑在卯，卯刑在子。丑刑在戌，戌刑在未，未刑在丑。寅刑在巳，巳刑在申，申刑在寅。辰午酉亥各自刑」。《御定星曆考原●月刑》曰：「選擇家書曰：寅刑巳、巳刑申、申刑寅。為無恩之刑。未刑丑、丑刑戌、戌刑未，為恃勢之刑。子刑卯、卯刑子，為無禮之刑。辰午酉亥為自刑」。以上論刑體例，供讀者參考。

「四沖謂：子午、卯酉、寅申、巳亥、辰戌、丑未」，指十二地支，此六對兩兩相沖，後世著作稱為「六沖」。此「四沖」之名，名不副實，應改作「六沖」之名，更為合理。

六十四卦名，吉凶為定主。

如遇《泰》則通，遇《否》則塞，遇《屯》則厄，遇《蹇》則難，遇《遯》則逃，遇《明夷》則暗，遇《剝》不利，遇《晉》康寧。

大象六爻辭，細詳詩斷語。

大象：如遇《益》卦，「見善則遷，有過則改②」。遇《損》卦，則「懲忿窒欲③」。

爻辭謂：如遇《乾》初九爻動，「潛龍勿用④」，則未宜謀用也。今之卜者，正經爻辭置之不用。殊不思古聖人之書，豈虛設哉。將遂爻辭意，祖述先賢易解，撰成一詩，以驗吉凶，卜者詳之。

支干配六神，禍福如目睹。

十干、十二支，配合六神，以斷過去未來，吉凶禍福。

萬事欲先知，各以其例取。

後卷自「天時門」至「胎息門」，凡二十七例，卜易君子，各隨事以例而推，禍福自然通矣。

注釋

①支變：指動爻和變爻地支之間的變化。

②見善則遷，有過則改：《易•益》「象曰：風雷，益；君子以見善則遷，有過則改」。

③懲忿窒欲：《易•損》「象曰：山下有澤，損；君子以懲忿窒欲」。

④潛龍勿用：《易•乾•初九》曰：「潛龍勿用」。

校勘記

㈠「俱」，原本作「具」，疑誤，據《新鍥斷易天機•易卦發蒙歌》原文改作。

㈡「人」，原本作「爻」，疑誤，據《新鍥斷易天機•易卦發蒙歌》原文改作。

別加　推六十四卦上月分定法

正月（八卦）：大有、既濟、漸、恒、同人、蠱、咸、泰。

二月（八卦）：大壯、大過、小過、革、訟、睽、无妄、晉。

三月（四卦）：井、夬、渙、履。

四月（四卦）：艮、離、乾、巽。

五月（四卦）：旅、困、豫、姤。

六月（四卦）：家人、遯、屯、萃。

七月（八卦）：歸妹、損、師、比、否、隨、未濟、益。

八月（八卦）：升、頤、蒙、蹇、中孚、明夷、需、觀。

九月（四卦）：噬嗑、豐、謙、剝。

十月（四卦）：兌、坤、坎、震。

十一月（四卦）：小畜、賁、復、節。

十二月（四卦）：鼎、臨、大畜、解。

虎易按：「六十四卦上月分定法」，是六十四卦各值某月，分佈於十二月的定例。本書稱為「月卦」，也稱為「卦身」，是指某卦值某月之氣。月卦之說，源於《京氏易傳•頤》卦，陸績注：「金星西方，入八月卦上沖」。《火珠林》將京氏「月卦」之說，演變成「月卦為身」的「月卦身」之說。

我認為，京氏的月卦之說，是他獨創的一種卦氣學說。《火珠林》及本書列舉的一些應用方法，為我們傳承了這個學說。但其「卦身」之說，也給讀者理解也帶來了一些歧義。

具體的起例方法，見後節「上月分捷法」所述。為便於讀者閱讀，將本節內容附為圖表，並在表中補入與之相對應的節氣和月建地支，讀者可互相對照，閱讀理解。原本正月至十二月，對應十二節令、月建地支。如立春建寅，對應正月；驚蟄建卯，對應二月。

六十四卦上月定局

月令	節氣	月支	卦數	六十四卦對應十二月							
正月	立春	**寅**	八卦	大有	既濟	漸	恒	同人	蠱	咸	泰
二月	驚蟄	**卯**	八卦	大壯	大過	小過	革	訟	睽	无妄	晉
三月	清明	**辰**	四卦	井	夬	渙	履				
四月	立夏	**巳**	四卦	艮	離	乾	巽				
五月	芒種	**午**	四卦	旅	困	豫	姤				
六月	小暑	**未**	四卦	家人	遁	屯	萃				
七月	立秋	**申**	八卦	歸妹	損	師	比	否	隨	未濟	益
八月	白露	**酉**	八卦	升	頤	蒙	蹇	中孚	明夷	需	觀
九月	寒露	**戌**	四卦	噬嗑	豐	謙	剝				
十月	立冬	**亥**	四卦	兌	坤	坎	震				
十一月	大雪	**子**	四卦	小畜	賁	復	節				
十二月	小寒	**丑**	四卦	鼎	臨	大畜	解				

上月分捷法

陰世則從五月起，陽世還從子月生，欲得識其卦上月，月從初數至世分。看得何卦，但從下點至世位，是第幾點，世在交拆爻為陰，在重單爻為陽。

虎易按：「上月分捷法」，是確定月卦的起例原則。先確定世爻是陰爻，還是陽爻。

如果世爻是陽爻，就從初爻開始數子，二爻丑，三爻寅，四爻卯，五爻辰，六爻巳。世在初爻，月卦為子。世在二爻，月卦為丑。世在三爻，月卦為寅。世在四爻，月卦為卯。世在五爻，月卦為辰。世在六爻，月卦為巳。看卦中哪個爻是月卦，就安在哪個爻上。

如果世爻是陰爻，就從初爻開始數午，二爻未，三爻申，四爻酉，五爻戌，六爻亥。世在初爻，月卦為午。世在二爻，月卦為未。世在三爻，月卦為申。世在四爻，月卦為酉。世在五爻，月卦為戌。世在六爻，月卦為亥。再看卦中哪個爻是月卦，就安在哪個爻上。

如果卦中沒有此地支，則從本宮首卦，或者對宮去尋找。

《卜筮全書•起月卦身訣》曰：「假如《乾》卦世爻是單，便以十一月從初爻數上去，到第六爻世上，即是四月卦也」。

《卜筮全書》教例：001			
爻位	**乾宮：乾為天**	**卦身**	**月**
上爻	父母壬戌土 ▅▅▅ 世		巳
五爻	兄弟壬申金 ▅▅▅		辰
四爻	官鬼壬午火 ▅▅▅		卯
三爻	父母甲辰土 ▅▅▅ 應		寅
二爻	妻財甲寅木 ▅▅▅	伏巳	丑
初爻	子孫甲子水 ▅▅▅		子

又如《明夷》卦，世爻是拆，從初爻以五月數起至世，即八月卦也。

《卜筮全書》教例：002			
爻位	**坎宮：地火明夷**	**卦身**	**月**
上爻	父母癸酉金 ▅▅ ▅▅	酉	亥
五爻	兄弟癸亥水 ▅▅ ▅▅		戌
四爻	官鬼癸丑土 ▅▅ ▅▅ 世		酉
三爻	兄弟己亥水 ▅▅▅▅▅		申
二爻	官鬼己丑土 ▅▅ ▅▅		未
初爻	子孫己卯木 ▅▅▅▅▅應		午

下面再附世爻為陽和陰各一例，供讀者參考。

《澤火革》卦，世爻在第四爻，臨陽爻。按照「陽世還從子月生」的原則，從初爻起數子，二爻數丑，三爻數寅，四爻數卯，數到世爻，就以卯爻為卦身。《革》卦卯爻在初爻，卦身就安在初爻卯上。

虎易附例：003			
世爻為陽爻起月卦身例			
爻位	**坎宮：澤火革**	**卦身**	**月**
上爻	官鬼丁未土 ▅▅　▅▅		巳
五爻	父母丁酉金 ▅▅▅▅▅		辰
四爻	兄弟丁亥水 ▅▅▅▅▅ 世		卯
三爻	兄弟己亥水 ▅▅▅▅▅		寅
二爻	官鬼己丑土 ▅▅　▅▅		丑
初爻	子孫己卯木 ▅▅▅▅▅ 應	卯	子

《天地否》卦，世爻在第三爻，臨陰爻。按照「陰世則從五月起」的原則，從初爻起數午，二爻數未，三爻數申，數到世爻，就以申爻為卦身。《否》卦申爻在第五爻，卦身就安在第五爻申上。其他各卦，起月卦身法，均仿此。

虎易附例：004			
世爻為陰爻起月卦身例			
爻位	**乾宮：天地否（六合）**	**卦身**	**月**
上爻	父母壬戌土 ▅▅▅▅▅ 應		亥
五爻	兄弟壬申金 ▅▅▅▅▅	申	戌
四爻	官鬼壬午火 ▅▅▅▅▅		酉
三爻	妻財乙卯木 ▅▅ ▅▅ 世		申
二爻	官鬼乙巳火 ▅▅ ▅▅		未
初爻	父母乙未土 ▅▅ ▅▅		午

下面附「六十四卦對應各月卦表」，說明如下：

如正月的八個卦，都是三爻持世，為陽爻，按照「陽世還從子月生」和「月從初數至世分」的體例，從初爻開始數子，二爻數丑，三爻數寅就是世爻，對應月卦為寅，對應節氣為立春，對應月令為正月。其中《大有》《蠱》《泰》三卦有月卦爻，《既濟》《漸》《恒》《同人》《咸》五卦無月卦爻，或有伏月卦爻。二月的八個卦，則是四爻為陽爻持世，其月卦為卯。其他各月均仿此。

我的看法，京氏的建月，即月卦，主要是用來推演卦氣旺衰的。應用時，不可用農曆的正月、二月初一開始作為對應標準，應該以每月的節令為準。即「立春」節後用「寅」，對應正月。「驚蟄」節後用「卯」，對應二月。其他各月的對應標準，均仿此。讀者可參考十二月建的內容。

六十四卦對應各月卦表

節氣	月支	月令	六十四卦對應十二月卦表								持世爻位	陰陽
立春	寅	正月	大有	恒	既濟	漸	泰	蠱	同人	咸	三爻持世	陽爻
驚蟄	卯	二月	晉	大過	革	睽	大壯	无妄	訟	小過	四爻持世	陽爻
清明	辰	三月	井	履	夬	渙					五爻持世	陽爻
立夏	巳	四月	乾	艮	巽	離					上爻持世	陽爻
芒種	午	五月	姤	豫	旅	困					初爻持世	陰爻
小暑	未	六月	遯	屯	家人	萃					二爻持世	陰爻
立秋	申	七月	否	隨	師	損	比	益	未濟	歸妹	三爻持世	陰爻
白露	酉	八月	觀	升	明夷	中孚	需	頤	蒙	蹇	四爻持世	陰爻
寒露	戌	九月	剝	豐	噬嗑	謙					五爻持世	陰爻
立冬	亥	十月	震	坎	坤	兌					上爻持世	陰爻
大雪	子	十一月	節	賁	復	小畜					初爻持世	陽爻
小寒	丑	十二月	解	大畜	臨	鼎					二爻持世	陽爻

總論六十四卦吉凶歌

伏羲㊀始畫八卦時，龍馬負圖河出龜，文王重為六十四㊁，卜筮惟憑龜與蓍。
試論泰復夬需旅，鼎解大畜豫賁推㊂，十㊃卦本來無父母，若卜父母非所宜。
更有觀剝恒㊄升井，大過六卦弟兄虧㊅，若占兄弟切須忌，縱無大患主災危㊆。
遯履中孚漸蹇渙，屯睽既濟革明夷，小過咸蒙謙姤卦，占財難得妻難為。
無子惟有十六卦，二過否蠱並頤隨，大畜賁觀中孚井㊇，遯升歸妹晉損兒。
小畜未濟家人卦，更逢旅訟渙益頤㊈，八㊉者之中皆無鬼，問病可喜亦可悲。
五位六親兼備者⑪，二十之卦報君知，乾坤節豐巽大有⑫，艮震比臨无妄師。
大壯兌困噬嗑萃，同人坎與八純離⑬。父母妻財兄與弟，子孫官鬼為五位。
大凡 有吉無則凶，更須筮者心多智。
此篇不過為總斷，後有彖爻宜熟玩，諸君紬繹 此篇詩，他時視此皆筌蹄 。

虎易按：原歌訣對六親不全的卦，有所遺漏，沒有全部列出。以下將六親不全的卦，及六親俱全的卦，全部找出分列於下，供讀者參考。

六親不全的卦 按八宮順序排列											
無父母爻	賁	大畜	豫	解	旅	鼎	復	泰	夬	需	十卦
無兄弟爻	觀	剝	恒	升	井	大過					六卦
無妻財爻	姤	遯	屯	既濟	革	明夷	睽	履			十六卦
	中孚	漸	蒙	渙	咸	蹇	謙	小過			
無子孫爻	遯	否	觀	晉	賁	大畜	損	中孚			十六卦
	升	井	大過	隨	頤	蠱	小過	歸妹			
無官鬼爻	小畜	家人	益	頤	旅	未濟	渙	訟			八卦
以下十二卦無兩種六親											
無官父爻	旅										
無官財爻	渙										
無官子爻	頤										
無父子爻	賁	大畜									
無兄子爻	觀	升	井	大過							
無財子爻	遯	中孚	小過								

五件俱全二十卦									
乾	坤	震	巽	坎	離	艮	兌	大有	節
豐	師	无妄	噬嗑	同人	臨	大壯	比	困	萃

注釋

①大凡：大抵，大概。

②紬繹（yì）：通「紬繹」「抽繹」。從雜亂之中理出頭緒。

③筌蹄（quán tí）：《莊子•雜篇•外物第二十六》：「荃者所以在魚，得魚而忘荃；蹄者所以在兔，得兔而忘蹄」。筌，捕魚竹器。蹄，捕兔網。後以「筌蹄」比喻達到目的的手段或工具。

校勘記

㊀「伏羲」，原本作「宓犧」，疑誤，據《新鍥斷易天機•六十四卦吉凶歌》原文改作。

㊁「文王重為六十四」，原本作「文王重為六十四卦」，疑誤，據《新鍥斷易天機•六十四卦吉凶歌》原文改作。

㊂「鼎解大畜豫賁推」，原本作「鼎解大畜諸卦推」，疑誤，據《卜筮全書•不全爻象各卦歌》原文改作。

㊃「十」，原本作「八」，疑誤，據《卜筮全書•不全爻象各卦歌》原文改作。

㊄「恒」，原本作「常」，疑誤，據《新鍥斷易天機•六十四卦吉凶歌》原文改作。

㊅「大過六卦弟兄虧」，原本作「卦大過六弟兄虧」，疑誤，據《新鍥斷易天機•六十四卦吉凶歌》原文改作。

㊆「縱無大患主災危」，原本作「繼無大害主病危」，疑誤，據《新鍥斷易天機·六十四卦吉凶歌》原文改作。

㊇「大畜賁觀中孚井」，原本作「井大畜賁觀中孚」，疑誤，據《新鍥斷易天機·六十四卦吉凶歌》原文改作。

㊈「更逢旅訟渙益頤」，原本作「更同旅訟並益遯」，疑誤，據《卜筮全書·不全爻象各卦歌》原文改作。

㊉「八」，原本作「七」，疑誤，據《卜筮全書·五類俱全各卦歌》原文改作。

⑪「五位六親兼備者」，原本作「五位須有兼備者」，疑誤，據其文意改作。

⑫「乾坤節豐巽大有」，原本作「乾坤節豐兼大有」，疑誤，據六親俱全體例改作。

⑬「同人坎與八純離」，原本作「同人坤與八純離」，疑誤，據《新鍥斷易天機·六十四卦吉凶歌》原文改作。

六親持世吉凶詩訣㊀

父母持世身憂否，身帶文書及官鬼，夫妻相剋不同床，到老用求他姓子。
子孫持世事無憂，官鬼從來了便休，求失此時應來得，營生作事有來由。
官鬼持世事難安，占身不病也遭官，財物此時憂失脫，骨肉分離會合難。
財爻持世益財榮，若問求財定稱心，更得子孫臨應上，官鬼從他斷不成。
兄弟持世剋妻財，憂官未了事還來，鬼旺正當憂口舌，身強必定損其財。

虎易按：三十頁抄本，還有「求財占、占病、占生產、占婚、占官、占行人」等補充內容，這裡不再集中錄入。按其分占內容，以「另補」的方式，補充在相應的占斷內容後。

校勘記

㊀「六親持世吉凶詩訣」，原本無此標題，據《新鍥斷易天機•六親持世吉凶詩訣》原文補入此標題。

六神門

年建天符，月建直符，日建傳符，時建直事。

青龍木神，朱雀火神，勾陳土神，騰蛇土神，白虎金神，玄武水神。

年建天符

如子年占卦，內有子爻動或持世方斷。

天符持木神，歲內有官職進益之喜。天馬並，同衆喜事。驛馬①並，自己有喜。福德並，家中進益。在內象內喜，在外進外財喜。

持火神，君子有加官進職，文字之喜。並凶，家分離，火驚恐，傷鬥事。

持土神，並吉，主進田產，加官喜事。並凶反此，官事勾連，田產散亡。

持金神，並吉，主道路，遠行吉。並凶，悲憂愁慘，挫志損神，血光喪服。

持水神，並吉，主進舟船，並酒之財。並凶，則主盜賊，船水之厄難。

更取氣象消息，重主過去，交主未來。動剋世應斷之，不動不剋不折。貴人及應舉人見天符大吉，常人小人見之反不利。

月建直符

每月月建爻動方斷。前是定局，後是吉凶斷例。

月建青龍在內象，月內有婚姻、進人口之喜。在外象，求官進職吉。

破為白虎，月內有人疾，陰女陽男。子孫、兄弟、父母、妻財，並可預斷之。若帶殺同鬼，孝服。外象，遠路行人之事。

前三朱雀，在內官事口舌事，在外文書之喜。

後三玄武，在內陰私伏匿，在外象盜賊、失脫之事。

後一㊀勾陳，在內象爭訟、嫉妒，在外象田宅、勾留。

騰蛇，逆，在辰月。主㊁虛驚遜悶，怪夢驚恐。在外象，非橫災。

右爻動或剋世應斷之，不動不剋不斷。交未來，重過去，吉凶可見。

建前後二位，禍福相同。

子與丑同，寅與卯同，辰與巳同，午與未同，申與酉同，戌與亥同。

月建六神對照表

月令／六神	正	二	三	四	五	六	七	八	九	十	十一	十二
青龍 木神	寅	卯	辰	巳	午	未	申	酉	戌	亥	子	丑
白虎 金神	申	酉	戌	亥	子	丑	寅	卯	辰	巳	午	未
朱雀 火神	巳	午	未	申	酉	戌	亥	子	丑	寅	卯	辰
玄武 水神	亥	子	丑	寅	卯	辰	巳	午	未	申	酉	戌
勾陳 土神	丑	寅	卯	辰	巳	午	未	申	酉	戌	亥	子
騰蛇 土神	辰	卯	寅	丑	子	亥	戌	酉	申	未	午	巳

虎易按：「月建為青龍」，指正月從寅上起青龍。「前三為朱雀」，指正月從寅前三位的巳上起朱雀。「後三為玄武」，指正月從寅後三位的亥上起玄武。「後一為勾陳」，指正月從寅後一位的丑上起勾陳。「騰蛇，逆，在辰月」，指騰蛇逆行十二月，正月從辰上起騰蛇。除騰蛇起例為逆行外，其他都是順行。

注釋

①驛馬（yì mǎ）：驛馬特指中國古代歷史上為國家傳遞公文、軍事情報、以及各種物資的馬。驛馬屬皇家專有，激躍奔騰，通達天下四方。在中國歷史的發展上立下了不可磨滅的功績。

校勘記

㈠「一」，原本作「三」，疑誤，據《周易尚占•直符斷例》原文改作。

㈡「主」，原本作「不」，疑誤，據其文意改作。

日建傳符

如子日占，子爻動，定應在今日。

虎易按：原本表格中，戊己日同是初爻起勾陳。上面圖表，據《新鍥斷易天機•起六神法》：「甲乙起青龍，丙丁起朱雀，戊日起勾陳，己日起螣蛇，庚辛起白虎，壬癸起玄武」起例歌訣改作。此歌訣是以日干納六神配爻位的起例方法，如「甲乙起青龍」，是指天干是甲或者乙的日子起卦，就從初爻開始配青龍，二爻配朱雀，三爻配勾陳，四爻配螣蛇，五爻配白虎，六爻配玄武。其餘均仿此例配置，讀者可對照以上圖表，理解其用法。

日建六神對照表

天干／爻位	甲乙日	丙丁日	戊日	己日	庚辛日	壬癸日
上爻	玄武	青龍	朱雀	勾陳	螣蛇	白虎
五爻	白虎	玄武	青龍	朱雀	勾陳	螣蛇
四爻	螣蛇	白虎	玄武	青龍	朱雀	勾陳
三爻	勾陳	螣蛇	白虎	玄武	青龍	朱雀
二爻	朱雀	勾陳	螣蛇	白虎	玄武	青龍
初爻	青龍	朱雀	勾陳	螣蛇	白虎	玄武

日六神內動

青龍內搖多喜慶，

注：青龍在內三爻動，主家中有婚姻喜慶之事。春寅卯爻為旺相。

白虎內驚憂疾病，

注：白虎，金神。或在水爻上來，是水為白虎入墓，占疾大凶。

如庚辛日卜得《乾》之《姤》㊀卦：

甲子水動，是水為白虎，化為辛丑土。內見巽，水墓在辰。又曰：白虎金神，名兩重入墓，必見死亡。他皆仿此。秋申酉爻上動，為旺相尤凶。休囚吉。

虎易按：「甲子水動，是水為白虎」，指《姤》卦初爻甲子水動，臨值的六神為白虎。「內見巽，水墓在辰」，指

《卜筮元龜》教例：009							
時間：庚辛日							
乾宮：乾為天（六沖）					乾宮：天風姤		
六神	**本　　卦**				**變　　卦**		
騰蛇	父母壬戌土	▅▅▅▅▅	世		父母壬戌土	▅▅▅▅▅	
勾陳	兄弟壬申金	▅▅▅▅▅			兄弟壬申金	▅▅▅▅▅	
朱雀	官鬼壬午火	▅▅▅▅▅			官鬼壬午火	▅▅▅▅▅	應
青龍	父母甲辰土	▅▅▅▅▅	應		兄弟辛酉金	▅▅▅▅▅	
玄武	妻財甲寅木	▅▅▅▅▅			子孫辛亥水	▅▅▅▅▅	
白虎	子孫甲子水	▅▅▅▅▅		○→	父母辛丑土	▅▅　▅▅	世

變卦《姤》的內卦為巽，按後天八卦方位，巽為東南，地支配辰巳，辰為水墓。「白虎金神，名兩重入墓」，指白虎的屬性為金，入變爻丑土之墓；甲子水動，入巽方辰土之墓。

朱雀飛揚口舌驚，

注：朱雀，火神，亦有氣為朱雀者。附亥子爻，文字無氣，口舌亦無害。夏巳午火爻上動為旺相。

玄武內搖憂遠程。

注：玄武內動，主陰私、走失。冬亥子爻上動為旺相。

殺陰內動憂亡歿，騰蛇內搖怪驚卒，

注：殺陰例：正午、二巳、三辰、四卯、五寅、六丑、七子、八亥、九戌、十酉、十一申、十二未。以㈡上逐月下。

騰蛇附之爻動者，其家定主有怪異事，惟㈢受官大吉也。

大殺內居主傷亡，勾陳臨之言告述。

注：大殺例：正戌、二巳、三午、四未、五寅、六卯、七辰、八亥、九子、十丑、十一申、十二酉。

勾陳附之，主有喪亡事，惟受㈣官受職吉。殺爻相生吉，相剋凶。
勾陳土從辰戌丑未爻，名㈤旺相，向寅卯爻上囚死。
日下大殺更推詳，甲乙豬兮丙丁羊，戊己犬處庚辛虎，壬癸蛇為大殺方。
若臨妻妾主妻死，若臨兄弟主分張㈥，父母子孫逢此殺，必定悲號入內堂。
注：甲乙亥，丙丁未，戊己戌，庚辛寅，壬癸巳。此殺惟㈦占病忌，爻動方斷。
另補：占病遇之必死。

校勘記

㈠「之姤」，原本脫漏，據「甲子水動，是水為白虎，化為辛丑土」之意補入。

㈡「以」，原本作「已」，按現代用字方式改作。後文遇此字，均依此例改作，不另作校勘說明。

㈢㈦「惟」，原本作「推」，疑誤，據《新鍥斷易天機•日六神內動》原文改作。

㈣「惟受」，原本作「推拜」，疑誤，據《新鍥斷易天機•日六神內動》原文改作。

㈤「名」，原本作「各」，疑誤，據《新鍥斷易天機•日六神內動》原文改作。

㈥「壬癸蛇為大殺方。若臨妻妾主妻死，若臨兄弟主分張」，原本脫漏，據《新鍥斷易天機•日六神內動》原文補入。

日六神外動

白虎外搖憂遠遊，

注：白虎外動，主有遠行之事。

朱雀爻驚他自憂，

注：朱雀外動，主外來口舌。逢吉，主㊀有文字之喜。

勾陳發動言謀證，

注：勾陳外動，主外事勾留。

玄武須云損失愁。

注：玄武從土爻上來，主有損失財、盜賊事。

青龍外言官職會，

注：青龍外動，主有外喜，或拜官受職之㊁喜。

騰蛇故云憂在外，

注：騰蛇㊂外動主他事，喜是他喜，凶是他凶，吉凶必定自外而來也。

大殺動須六畜災㊃，

注：大殺例見前注。外動主其六畜有損傷㊄。

殺陰動須修福位。

注：殺陰例見前注。惟(六)拜官受職吉。

校勘記

(一)「主」，原本脫漏，據《新鍥斷易天機・日六神外動》原文補入。

(二)「之」，原本脫漏，據《新鍥斷易天機・日六神外動》原文補入。

(三)「騰蛇」，原本作「六神」，疑誤，據《新鍥斷易天機・日六神外動》原文改作。

(四)「災」，原本作「凶」，疑誤，據《新鍥斷易天機・日六神外動》原文改作。

(五)「傷」，原本脫漏，據《新鍥斷易天機・日六神外動》原文補入。

(六)「惟」，原本作「推」，疑誤，據《新鍥斷易天機・日六神外動》原文改作。

六神有氣吉凶

青龍旺相有欣怡，朱雀文書並口舌，騰蛇驚怪火光飛，玄武旺相防盜賊。
白虎旺相兵喪事，休囚死絕卻為吉，勾陳旺相鬥訟凶，囚死兵傷自投擲。
殺陰旺相憂囚繫，大殺臨之相絕滯，六神皆盡法其例，非論朱雀臨財弊。
白虎臨財損病憂，玄武臨財憂盜制，青龍臨財即吉慶，騰蛇臨財主遺失。
勾陳臨財遇勾留，若不爭財相嫉妒，但能依此與人占，萬事吉凶無一失。

六神彖象歌

凡考周易分卦象，先就六神仔細㊀推。始看世應兼身位，次將吉凶逐爻支。
青龍入水身慶吉，必定求官事事宜。若臨財爻妻有孕，交易田地不須疑㊁。
入木旺相來生㊂世，不值㊃空亡盡可為。求婚須得財須有，占問行人定主歸㊄。
龍爻入火火㊅燒身，占宅常憂小口屯。動臨身世須遭否，入木須知喜事㊆生。
入土驚來家有事㊇，逢金髮者忌悲聲。更被空亡須有滯，不論老少盡遭刑。
朱雀入火官事來，又恐女婦有傷胎。入金有財防口舌，入土公家有信催㊈。入木不妨身體健，水爻臨著不為災。

勾陳入土公文起，田地勾連有橫殃㊉。入木爭山並第宅，見火須防女婦傷。入金進田憂孝服，入水口舌及癰瘡。

螣蛇入土夢邪精，入火須憂小口屯㊉㊀。值金女人嫌孝服，見木遷移定不貞，入水孕婦多遲滯㊉㊁，不然宅舍有悲聲。

白虎入金服重重㊉㊂，逢木㊉㊃須憂事見公。入土有災田宅起，入火宅災㊉㊄木不中。

玄武入水憂賊寇，入火終是失資財。入土家中有疾病，臨木產婦有非災㊉㊅。值金有財須外得，不然人送盜將來㊉㊆。

校勘記

㊀「先就六神仔細」，原本脫漏，據《新鍥斷易天機・六神彖象歌》原文補入。

㊁「交易田地不須疑」，原本作「進財帛。臨鬼爻夫男，田地有進動」，疑誤，據《新鍥斷易天機・六神彖象歌》原文改作。

㊂「生」，原本作「剋」，疑誤，據《新鍥斷易天機・六神彖象歌》原文改作。

㊃「值」，原本脫漏，據《新鍥斷易天機・六神彖象歌》原文補入。

㊄「求婚須得財須有，占問行人定主歸」，原本作「求婚可成，求財可有，占行人必

歸」，疑誤，據《新鍥斷易天機•六神彖象歌》原文改作。

㊅「火」，原本脫漏，據《新鍥斷易天機•六神彖象歌》原文補入。

㊆「喜事」，原本作「慶喜」，疑誤，據《新鍥斷易天機•六神彖象歌》原文改作。

㊇「事」，原本作「土」，疑誤，據《新鍥斷易天機•六神彖象歌》原文改作。

㊈「催」，原本作「禮」，疑誤，據《新鍥斷易天機•六神彖象歌》原文改作。

㊉「殃」，原本作「災」，疑誤，據《新鍥斷易天機•六神彖象歌》原文改作。

⑪「入火須憂小口屯」，原本作「入火須防人口屯」，疑誤，據《新鍥斷易天機•六神彖象歌》原文改作。

⑫「入水孕婦多遲滯」，原本作「入水孕婦遲泮」，疑誤，據《新鍥斷易天機•六神彖象歌》原文改作。

⑬「重」，原本脫漏，據《新鍥斷易天機•六神彖象歌》原文補入。

⑭「木」，原本作「火」，疑誤，據《新鍥斷易天機•六神彖象歌》原文改作。

⑮「入火宅災」，原本作「入水家災」，疑誤，據《新鍥斷易天機•六神彖象歌》原文改作。

⑯「臨木產婦有非災」，原本作「臨木產婦有悲哭」，疑誤，據《新鍥斷易天機•六神彖象歌》原文改作。

⑰「值金有財須外得，不然人送盜將來」，原本作「值金財必外得，不然送盜將來」，疑誤，據《新鍥斷易天機•六神彖象歌》原文改作。

六神主事㈠

青龍

卦中吉將號青龍，作事求財喜慶同，名利婚姻㈡皆遂意，假饒憂事亦無凶。

朱雀

朱雀臨身卦上來，文書發動定難諧，切忌失財並口舌，交憂百事帶心來。

騰蛇

騰蛇終是有憂驚，怪夢邪魔恐是真，作事求人作舉意，且須守靜始安寧。

勾陳

勾陳百事主勾留，遲鈍昏沉合見憂，若為求官官未至，便為田地競爭愁。

白虎

白虎爻驚事不祥，多招疾病及災㈢殃，見血刑傷兼孝服㈣，須防官事及爭剛㈤。

玄武

玄武人皆道失財，俱防賊盜欲臨來，有屈陰謀相損事，亦應連看女人災。

校勘記

㊀「六神主事」，原本脫漏標題，據《通玄斷易•六神主事》標題補入。

㊁「名利婚姻」，原本作「合主夫婚」，疑誤，據《通玄斷易•六神主事》原文改作。

㊂「災」，原本作「衰」，疑誤，據《通玄斷易•六神主事》原文改作。

㊃「見血刑傷兼孝服」，原本作「是血刑傷兼上服」，疑誤，據《易林補遺•易林總斷章》原文改作。

㊄「須防官事及爭剛」，原本作「須防官事竟難與」，疑誤，據《易林補遺•易林總斷章》原文改作。

別加　六神入卦法

從鬼谷斷載之圖者在當處，故略之。

舊編多以戊己日共起勾陳，則玄武為無位。又一家書云：一玄武，二勾陳，三青龍，四白虎，五螣蛇，六朱雀。然用之不效，未嘗有玄武無位之說。

愚在江龍見卦肆，前半句其門如市，後半句其門井然，遂往觀之。恰值己日，見其起勾陳，則知誤矣。後以平昔所驗而傳之，果無暇日，則知己日決不當起勾陳之者，請以後法試用之，則是否可知矣。

虎易按：此說應該是作者根據自己的經驗，在批評那些不符合卦理的雜說。《新鍥斷易天機•起六神法》曰：「甲乙起青龍，丙丁起朱雀，戊日起勾陳，己日起螣蛇，庚辛起白虎，壬癸起玄武」。附圖表，供讀者參考。

日干起六神對照表

天幹／爻位	甲乙日初爻起青龍	丙丁日初爻起朱雀	戊日初爻起勾陳	己日初爻起騰蛇	庚辛日初爻起白虎	壬癸日初爻起玄武
上爻	玄武	青龍	朱雀	勾陳	騰蛇	白虎
五爻	白虎	玄武	青龍	朱雀	勾陳	騰蛇
四爻	騰蛇	白虎	玄武	青龍	朱雀	勾陳
三爻	勾陳	騰蛇	白虎	玄武	青龍	朱雀
二爻	朱雀	勾陳	騰蛇	白虎	玄武	青龍
初爻	青龍	朱雀	勾陳	騰蛇	白虎	玄武

推占來情休旺吉凶要決章

欲知卜者來何意，先看旺相休囚氣，旺相婚姻宜官職，休囚爭財官退位。

注：春《艮》《震》，夏《巽》《離》，秋《坤》《兌》，冬《乾》《坎》。

凡占卜，必先看八卦休旺之氣者，蓋本㊀生八㊁卦，乃占卜之提綱也。故內外俱在旺相者，大則求官，次則嫁娶，出類而知。凡在公在私，經常有隧者皆是也。如內外休囚者，則反此。

身居世上欲行遊，鬼更當門官病忌，

注：鬼在第三、四爻是也。

子午為世身在初，丑未為世身在二，寅申為世身在三，卯酉持為身在四，辰戌為世身在五，巳亥為世身在六。

又法：只取驛馬動為斷。

驛馬例：申子辰馬居寅，寅午戌馬居申，亥卯未馬在巳，巳酉丑馬在亥。

虎易按：世身之說，起源於此。所謂「世身」，是以世爻地支為準，確定安世身之爻位。讀者要注意，不要和「月卦身」搞混淆了。

《卜筮全書•黃金策總斷•千金賦》曰：「世人多以『子午持世身居初』之身爻用之，多有不驗，且未曉其義。予見《卜易玄機》、《金鎖玄關》，明卦身之身，甚為得旨。故捨彼而取此焉」。

《易隱》曰：「凡卦之身，用之為重，世之身司事還輕。世若不空不破，不須論身。世或空破，禍福方憑身象。蓋取身以代世之勞耳」。

《增刪卜易》曰：「奈何卜筮諸書，舛錯悖謬，令人反無定見」。「古用卦身、世身，余試不驗而不用」。

以上幾本書的作者論述，也充分說明，論卦還是應以世爻為準。

古有此說，予以保留。有興趣的讀者，也可以在實踐中去應用，看是否有應用價值。

六十四卦世身定例

巳亥持世身在六爻	卦名	大過	節	既濟	革	離	鼎	渙	同人	萃	謙	
	世爻	丁亥	丁巳	己亥	丁亥	己巳	辛亥	辛巳	己亥	乙巳	癸亥	
	世身	丁未	戊子	戊子	丁未	己巳	己巳	辛卯	壬戌	丁未	癸酉	
辰戌持世身在五爻	卦名	乾	大有	震	解	井	隨	泰	益	頤	旅	蒙
	世爻	壬戌	甲辰	庚戌	戊辰	戊戌	庚辰	甲辰	庚辰	丙戌	丙辰	丙戌
	世身	壬申	己未	庚申	庚申	戊戌	丁酉	癸亥	辛巳	丙子	己未	丙子
卯酉持世身在四爻	卦名	否	晉	恒	賁	睽	坤	臨	夬	比	巽	蠱
	世爻	乙卯	己酉	辛酉	己卯	己酉	癸酉	丁卯	丁酉	乙卯	辛卯	辛酉
	世身	壬午	己酉	庚午	丙戌	己酉	癸丑	癸丑	丁亥	戊申	辛未	丙戌
寅申持世身在三爻	卦名	屯	豐	艮	大畜	履	漸	需	困	咸	蹇	
	世爻	庚寅	庚申	丙寅	甲寅	壬申	丙申	戊申	戊寅	丙申	戊申	
	世身	庚辰	己亥	丙申	甲辰	丁丑	丙申	甲辰	戊午	丙申	丙申	
丑未持世身在二爻	卦名	姤	觀	豫	升	明夷	損	中孚	家人	噬嗑	兌	歸妹
	世爻	辛丑	辛未	乙未	癸丑	癸丑	丁丑	辛未	己丑	己丑	丁未	丁丑
	世身	辛亥	乙巳	乙巳	辛亥	己丑	丁卯	丁卯	己丑	庚寅	丁卯	丁卯
子午持世身在初爻	卦名	遯	剝	坎	師	復	大壯	小畜	无妄	未濟	訟	小過
	世爻	丙午	丙子	無子	戊午	庚子	庚午	甲子	壬午	戊午	壬午	丙午
	世身	丙辰	乙未	戊寅	戊寅	庚子	甲子	甲子	庚子	戊寅	戊寅	丙辰

又法：只取驛馬動為斷。

驛馬例：申子辰馬居寅，寅午戌馬居申，亥卯未馬在巳，巳酉丑馬在亥。

胎沒懷胎犯鬼神，陰私逃避失財人。

注：胎沒二卦，春《巽》《離》，夏《坤》《兑》，秋《乾》《坎》，冬《艮》《震》。值者多是占孕及㊂病，鬼神為祟，或逃竄，或失財。

凡囚死之卦，必占官司、囚繫事，並犯疾厄災㊃，及親戚喪亡事㊄。

外發胎生人覓己，內動旺相己求人，日月合生從吉説，若知刑害則凶陳。

注：世爻與月建及日辰相生相合者，則從吉説。

如世爻與月建日辰相刑害則凶，外不求覓，不可不審。

身在財鄉欲覓財，亦憂父母及妻災，變入空亡奴婢走，定知喪㊅死占新來。

注：財爻持世，或在他爻動，主妻妾災及憂父母。如空亡帶又法：只取驛馬動為斷。

驛馬例：申子辰馬居寅，寅午戌馬居申，亥卯未馬在巳，巳酉丑馬在亥殺，主喪亡事。

凡財爻動憂父母，父母爻動憂子孫，子孫爻動憂官事，官鬼爻動憂兄弟，兄弟爻動憂失財及妻妾。蓋取五行相剋之義。

日辰生卦及其世，多占父母及其身，卦與世爻生日者，應卜妻財及子孫。

卦與世爻同剋日，必占六畜及婚姻，卦世與日無相剋，應占塚墓兄弟親。

日剋世爻占喪事，並占怪異及相論，遊魂世應日相剋，卜心無定為他人。

注：若生剋斷決甚驗，惟遊魂卦主心不定。卦者，即所主之月卦也。如《乾》乃四月之卦，《姤》乃五月卦之類也。

世應日月破並刑，官災盜賊死亡驚，若不與人相爭訟㊆，卻有亡賊哭泣聲。

注：凡世應居月破月刑，來刑本日者，定有官司、盜㊇賊、死亡、驚恐故也。或公訟、喧爭事，或失財、孝服、悲泣聲。更看有無刑殺。

《洞林》曰：「世應三刑並殺陰，十死一生也」。

應來剋世人謀己，世動剋應己謀人，旺相相生官作礙，休囚帶殺鬼相侵。

注：所言相剋者，即相剋相害也。又彼此相剋害，亦當視爻休旺。如剋害旺相，而帶官鬼、官符者，即有公訟㊈。如剋害之爻休囚帶殺，諸死符、病符㊉，即主病也。

陰世月前事未至，陽爻月後事先過，但能仔細尋其意，卦中何事不包羅。

占法：陰主未來，陽主過去。

假令十月，坤宮得《剝》，六五爻動：

是[12]丙子陰爻持世，而在月建之前，主未來。

《卜筮元龜》教例：010

時間：假令十月

乾宮：山地剝				乾宮：風地觀		
本　　卦				**變　　卦**		
妻財丙寅木	▅▅▅▅▅			妻財辛卯木	▅▅▅▅▅	
子孫丙子水	▅▅　▅▅	世	╳→	官鬼辛巳火	▅▅▅▅▅	
父母丙戌土	▅▅　▅▅			父母辛未土	▅▅　▅▅	世
妻財乙卯木	▅▅　▅▅			妻財乙卯木	▅▅　▅▅	
官鬼乙巳火	▅▅　▅▅	應		官鬼乙巳火	▅▅　▅▅	
父母乙未土	▅▅　▅▅			父母乙未土	▅▅　▅▅	應

如六㊂月，得《臨》卦，九二爻動：

是丁卯陽爻，在月未建之後，此則已往①。

更以六神變動推之，無不應矣。

注釋

①已往：過去、從前。

校勘記

㈠「本」，原本作「休」，疑誤，據《新鍥斷易天機•推占來意休囚旺相吉凶要決》原文改作。

㈡「八」，原本作「之」，疑誤，據《新鍥斷易天機•推占來意休囚旺相吉凶要決》原文改作。

㈢「及」，原本脫漏，據《新鍥斷易天機•推占來意休囚旺相吉凶要決》原文補入。

㈣「災」，原本脫漏，據《新鍥斷易天機•推占來意休囚旺相吉凶要決》原文補入。

《卜筮元龜》教例：011

時間：如六月

坤宮：地澤臨				坤宮：地雷復（六合）		
本　　卦				**變　　卦**		
子孫癸酉金	▅▅　▅▅			子孫癸酉金	▅▅　▅▅	
妻財癸亥水	▅▅　▅▅	應		妻財癸亥水	▅▅　▅▅	
兄弟癸丑土	▅▅　▅▅			兄弟癸丑土	▅▅　▅▅	應
兄弟丁丑土	▅▅　▅▅			兄弟庚辰土	▅▅　▅▅	
官鬼丁卯木	▅▅▅▅▅	世	○→	官鬼庚寅木	▅▅　▅▅	
父母丁巳火	▅▅▅▅▅			妻財庚子水	▅▅▅▅▅	世

⑤「事」，原本脱漏，據《新鍥斷易天機·推占來意休囚旺相吉凶要決》原文補入。
⑥「喪」，原本作「生」，疑誤，據《新鍥斷易天機·推占來意休囚旺相吉凶要決》原文改作。
⑦「若不與人相爭訟」，原本作「若不人與相爭事」，疑誤，據《新鍥斷易天機·推占來意休囚旺相吉凶要決》原文改作。
⑧「盜」，原本脱漏，據《新鍥斷易天機·推占來意休囚旺相吉凶要決》原文補入。
⑨「即有公訟」，原本作「即公訟也」，疑誤，據《新鍥斷易天機·推占來意休囚旺相吉凶要決》原文改作。
⑩「符」，原本脱漏，據《新鍥斷易天機·推占來意休囚旺相吉凶要決》原文補入。
⑪「是」，原本脱漏，據《新鍥斷易天機·推占來意休囚旺相吉凶要決》原文補入。
⑫「六」，原本作「十」，疑誤，據「在月未建之後」之意改作。

占過去未來章

爻在卦前㈠言未來，爻在卦後言過去，六爻先以卦為身，然後看其爻發處。

注：聖人作易，逆觀未來，順考以往。

假令《遯》卦：

第二陰爻為世，即是六月卦也。月卦㈡未，未屬土，壬午火為印綬①，或官職、或病疾。午在未之後，言已往也，合在巳午年四五月應㈢。壬申金為月卦所生之爻，土生金爻，帶兄弟為應，萬事和合，喜悅之事。申在未前，為未來事，合申酉年七八月應。他並仿此。

壬申、壬午、丙申，兄弟備《遯》中也。

《卜筮元龜》教例：012		
乾宮：天山遯		
本　　卦		
父母壬戌土	▅▅▅▅▅	
兄弟壬申金	▅▅▅▅▅	應
官鬼壬午火	▅▅▅▅▅	
兄弟丙申金	▅▅▅▅▅	
官鬼丙午火	▅▅　▅▅	世
父母丙辰土	▅▅　▅▅	

虎易按：「月卦未，未屬土，壬午火為印綬，或官職、或病疾」。指《遯》卦為未月卦，未屬土，壬午火生未土，按「生我者為父母」的體例，所以稱午火為未土之印綬。本卦六親壬午火為官鬼，官鬼主官職，也主疾病。

「壬申、壬午、丙申，兄弟備《遯》中也」。指《遯》卦中壬申金、丙申金在本卦六親為兄弟。壬午火與世爻丙午火同類，按「比和者為兄弟」的體例，轉換六親後，也為世爻之兄弟。

欲知其事合有之，細相六爻卦體推，太歲沖身以月斷，月卦沖歲以日期。

六㊃沖：子午、卯酉、寅申、巳亥、辰戌、丑未。

假令子以午為沖，卯見酉為沖。歲沖以月期，月沖以日期也。

注釋

①印綬（shòu）：印信和繫印信的絲帶。古人印信上繫有絲帶，佩帶在身。此處代指父母爻。

校勘記

㊀「爻在卦前」，原本作「爻在前卦」，疑誤，據《新鍥斷易天機•占過去未來章》原文改作。

㊁「卦」，原本作「建」，疑誤，據其文意改作。

㊂「合在巳午年四五月應」，原本作「合在巳午前四月五」，疑誤，據《新鍥斷易天機•占過去未來章》原文改作。

㊃「六」，原本作「四」，疑誤，據「子午、卯酉、寅申、巳亥、辰戌、丑未」六對改作。

天時地利門

風雲晴㊀雨陰晦章

世貞為地並行年，應晦為雨及為天，天剋地兮天無雨，地剋天兮雨霈然。

注：內卦為貞，外卦為晦。外剋內無雨，內剋外有雨。

坎為雨師巽為風，雲行雨施震之坎，坎離離坎互相支，乍晴乍雨猶反掌。

坎入巽宮雨後風，艮之卦坤陰迷蒙，坤震往來電雷至，坤兌相資煙霧濃。

注：八卦互相支變，取兌澤，坎水，離日，震雷，巽風之義。

青龍屬水定為雨，若是天陰屬金土，入木之時雨便晴，寅動風生須白虎。

玄武本是陰滯神，雨時尤怕鬼爻臨，若逢壬癸定霶霈①，亥子同途憂霖霪②。

注：青龍玄武帶殺，主大水損物，白虎帶殺，大風折木。

純陽旺相憂亢旱，人望雨期若為斷，卦臨寅子合為期，亥日丑時預推算。

注：值空亡則不斷。乾坎艮震為陽，遇旺相主旱。巽離坤兌為陰，遇旺相主水。

動爻取合，故寅與亥，子與丑。他仿此。

陽變為陰雨未來，陰變為陽雲忽開，應爻剋日雲便散，世從火出掃陰霾③。

離宮乃是晴之原，外無坎兌雲歸山，火爻剋世日還出，木世土身晴可言。辰戌丑未勾陳發，土能剋水晴堪說，風雲晴雨及陰晦，造化機緣先漏泄。

虎易按：《黃金策•天時章》指出：「天時一占，自《卜筮元龜》而下，皆以水火為晴雨之主，而不究六親制化，蓋執一不通之論也。惟《海底眼》有『天象陰晴父母推』之說，深為得旨，然又引而不發。所以學者多泥古法，而不求其理，良可歎也」。讀者可參閱《增注海底眼•占陰晴》及《黃金策•天時章》原著。

注釋

①霶霈（pā ng pèi）：大雨。

②霖霪（lín yín）：久雨。

③陰霾（mái）：天氣陰晦、昏暗。

校勘記

㊀「晴」，原本作「時」，疑誤，據本節內容改作。

占農田章

世貞行年為田地，應悔為種為荒蕪，世剋應兮倉廩積，外剋內兮倉廩虛。

注：世為田，應為種。世生應吉，應剋世大吉。

世剋應凶，內剋外吉，外剋內凶。

大殺剋內主蝗蟲，內外爻無殺而旺相，生者大吉。

初爻為田二為種，三為生長四苗秀，五爻為禾主收成，六是田夫主災咎。

初爻鬼剋田瘦瘠①，二爻鬼剋重種植，三爻鬼剋多穢草②，四爻鬼剋費耘力。

五爻鬼剋阻收成，六爻鬼剋憂疾病，

凡卦初爻為田，鬼剋田瘦薄難耕作。二爻為種，鬼剋主耗損田再種。三爻為生，鬼剋則生長不茂。四爻鬼剋，多草費工。惟五鬼剋為吉。六爻為田，又鬼剋，臨收成時，主有病疾。卦中日月上剋亦同。

假令《乾》卦：

壬午火剋五爻壬申金，是禾臨成熟被損。他仿此。

金爻為鬼憂旱蝗，火鬼大旱年饑荒。

水鬼水災木鬼耗，帶殺化鬼共分張，卦中兩鬼兩家共，年豐須是鬼空亡。

鬼爻落空亡為吉卦，主年豐十倍全收。

大抵財爻宜旺相，不值空亡為上吉，六爻刑殺不加臨，年谷豐登倉庫實。

《卜筮元龜》教例：013

乾宮：乾為天（六沖）

本卦		
父母壬戌土	▅▅▅▅▅	世
兄弟壬申金	▅▅▅▅▅	
官鬼壬午火	▅▅▅▅▅	
父母甲辰土	▅▅▅▅▅	應
妻財甲寅木	▅▅▅▅▅	
子孫甲子水	▅▅▅▅▅	

注釋

①瘦瘠（jí）：指土壤貧瘠，不肥沃。

②穢（huì）草：雜草。

占蠶桑章

初爻為種二為蠶，三人四葉五為筐，上六之爻絲繭位，鬼爻值著不相當。

鬼值種爻種不出，鬼值蠶苗多耗亡，鬼值人爻蠶母病，鬼值葉爻定欠桑。

鬼值筐爻上箔死，鬼值繭爻絲有妨。

注：鬼爻值空亡則吉，金木鬼尤不利。外卦剋內欠桑，內剋外葉多有餘。

坤宮土世黃肥死，坎宮水世是災殃，木爻持世初憂災，金宮金爻蠶白殭，

注：巳午火世為吉，或子孫財爻臨世應吉，空亡不利。

占蠶欲得震巽離，子爻旺相最相宜，

注：坤艮次吉，乾兌坎凶。震巽離變乾兌，亦凶。

乾宮正二月為吉，四五之月非其時。

注：正、二月屬木，為金宮財，《晉》與《大有》是也。

《卜筮元龜》教例：014			《卜筮元龜》教例：015		
時間：正、二月（寅卯）			時間：正、二月（寅卯）		
乾宮：火地晉（遊魂）			乾宮：火天大有（歸魂）		
本　卦			**本　卦**		
官鬼己巳火	▅▅▅		官鬼己巳火	▅▅▅	應
父母己未土	▅ ▅		父母己未土	▅ ▅	
兄弟己酉金	▅▅▅	世	兄弟己酉金	▅▅▅	
妻財乙卯木	▅ ▅		父母甲辰土	▅▅▅	世
官鬼乙巳火	▅ ▅		妻財甲寅木	▅▅▅	
父母乙未土	▅ ▅	應	子孫甲子水	▅▅▅	

四、五月屬火，為金宮鬼，《乾》與《姤》是也。

乾象為蠶巽為簇，離為繭子震桑木，相生旺相倍言之，相剋休囚養無福。

注：離中虛為繭，震木為桑葉，巽屬竹為簇㈠。乾金乃離宮之財，故知為蠶也，但要旺相相生為吉卦。

巽之坎上風雨傷，雷電亦須憂火光，財鬼火炎憂焚灼，鬼變子爻為吉祥。

注：坎被刑剋憂耗，亦憂大雨。火爻變為鬼，憂火陽。

校勘記

㈠「巽屬竹為簇」，原本作「巽屬卯亦為桑」，疑誤，據《新鍥斷易天機•占春蠶•卜筮元龜》原文改作。

《卜筮元龜》教例：016	《卜筮元龜》教例：017
時間：四、五月（巳午）	時間：四、五月（巳午）
乾宮：乾為天（六沖）	乾宮：天風姤
本　　卦	**本　　卦**
父母壬戌土 ▅▅▅ 世	父母壬戌土 ▅▅▅
兄弟壬申金 ▅▅▅	兄弟壬申金 ▅▅▅
官鬼壬午火 ▅▅▅	官鬼壬午火 ▅▅▅ 應
父母甲辰土 ▅▅▅ 應	兄弟辛酉金 ▅▅▅
妻財甲寅木 ▅▅▅	子孫辛亥水 ▅▅▅
子孫甲子水 ▅▅▅	父母辛丑土 ▅ ▅ 世

家宅門

推宅爻位總論

凡占人之居也，內㈡三爻為宅，謂內三爻皆為一宅也。青龍、天喜、龍德重重者，乃祖宅華麗之居也。或動，則祖宅更修也。青龍吉宅也，白虎凶宅也。謂在內三爻，青龍臨妻財子孫者，吉宅也。白虎臨官鬼兄弟者，凶宅也㈢。

若支後卦無財喜、青龍者，其家先富後貧。前卦無而後卦有者，其家先貧後富。

爻位	爻位表示的事類		
六爻	宗廟	奴婢	家地
五爻	路	子孫	井灶
四爻	大門	妻財	戶㈠
三爻	宅中門	兄弟	為門
二爻	宅	宅母	人
初爻	宅基	宅長	宅

宅上爻，第二㈣爻為正宅。朱雀臨則口舌聚，白虎臨死亡頻，勾陳臨田園損，騰蛇臨怪異生，玄武臨則失脫並至，青龍臨則喜事裕，子孫臨則春蠶盛，須要青龍吉祥有氣。

凡六爻皆無水者，其家溝不流而水不決。無土者，離平地而在高樓㈤。無火者，其家神佛不供而灶不修也。無金者，其家則財不聚而人不居。無木者，其家床榻破而鍋灶損。火多則人事繁，木多則人清秀，水多則陽人旺，金多則陰女眾，土多則財物盛㈥。

凡卦有父母而無子孫者，其家虛耗而多煩惱。有子孫而無父母者，其人必孤獨而過房㈦，外於人情則寡合①，內於親戚則少恩。若更勾陳白虎相臨子孫者，長病難安之咎也。

凡卦內有子孫、青龍、天㈧喜，而無父母者，其家出遊子與商旅也。白虎臨三爻者，其家出僧道與師巫也㈨。

有妻財無官鬼者，其家作事多耗散錢財。朱雀臨之，則呼盧②輸錢，公訟無理。勾陳臨之而在土爻者，則田地虧失也。若化財與子孫者，又非此論也。

有鬼而無子孫者，其家多怪夢。

有鬼而無妻財者，其家多疾病也。

以上諸卦，並以此例斷之。又凡一卦無本屬者，皆有耳目之病。謂本屬者，屬金而無金爻者，若乾宮《山地剝》卦是也。他仿此。

虎易按：「推宅爻位總論」，四爻對應「大門」和「門」，《卜筮全書•黃金策•行人》曰：「三爻為門，四爻為戶」，似乎更為合理一些，供讀者參考。

《卜筮元龜》教例：018		
乾宮：山地剝		
本　　卦		
妻財丙寅木	▅▅▅▅▅	
子孫丙子水	▅▅　▅▅	世
父母丙戌土	▅▅　▅▅	
妻財乙卯木	▅▅　▅▅	
官鬼乙巳火	▅▅　▅▅	應
父母乙未土	▅▅　▅▅	

注釋

①寡合：謂與人不易投合。指一個人的性格很難和世人相合。

②呼盧：古代一種賭博方式。

校勘記

㈠「戶」，原本作「門」，疑誤，據《卜筮全書‧黃金策‧行人》原文改作。

㈡「內」，原本脫漏，據《新鍥斷易天機‧占家宅‧卜筮元龜云》原文補入。

㈢「青龍臨妻財子孫者，吉宅也。白虎臨官鬼兄弟者，凶宅也」，原本作「青龍謂之宅臨妻財子孫者，吉宅也。臨官鬼兄弟，凶宅」，疑誤，據《新鍥斷易天機‧占家宅‧卜筮元龜云》原文改作。

㈣「二」，原本作「三」，疑誤，據《火珠林‧陽宅》「內卦二爻為宅」原文改作。

㈤「離平地而在高樓」，原本作「家地不基而樓居也」，疑誤，據《卜筮全書‧闡奧歌章‧住居宅第章》原文改作。

㈥「盛」，原本作「正」，疑誤，據《新鍥斷易天機‧占家宅‧卜筮元龜云》原文改作。

㈦「其人必孤獨而過房」，原本作「其孤獨過房也」，疑誤，據《新鍥斷易天機‧占家宅‧卜筮元龜云》原文改作。

㈧「天」，原本脫漏，據《新鍥斷易天機‧占家宅‧卜筮元龜云》原文補入。

㈨「白虎臨三爻者，其家出僧道與師巫也」，原本作「白虎臨者，其家出僧道與巫龍也」，疑誤，據《新鍥斷易天機‧占家宅‧卜筮元龜云》原文改作。

占宅章第一㈠

欲知住宅何爻是，父母為之得其理。

父母為宅，取象如子在母腹中。以宅剋支干起數，數至今年太歲，即知住宅歲多少。

假令戊寅年占得《觀》卦：

辛未土為宅，從辛未土數至戊寅年，其宅住八年。

父母旺相為新屋，休囚為舊宅。若金爻從旺發動，即是新屋。仿此也。

父母有氣宅宜人，無氣子孫多病矣。

假令辰年得乾宮卦，或三月卜得金宮卦，丑土為宅，土墓在辰矣，宅內合有病人。又諸卦何？皆丑月卦，所生為何？

《卜筮元龜》教例：019		
時間：戊寅年		
乾宮：風地觀		
本　　卦		
妻財辛卯木	▅▅▅▅▅	
官鬼辛巳火	▅▅▅▅▅	
父母辛未土	▅▅　▅▅	世
妻財乙卯木	▅▅　▅▅	
官鬼乙巳火	▅▅　▅▅	
父母乙未土	▅▅　▅▅	應

假令《豫》：

五月卦，卦屬火，生土，即是西南向，其宅寧。其他仿此。

陽爻旺相必㊁多男，陰爻亦能饒女子。

注：假令《乾》上九壬戌土是陽宅，坤六二乙巳火㊂是陰宅。

卦有一父母爻為一宅，變有兩父母，分為兩宅。爻化鬼，若非公宅，即有寄居，不爾① 病人，若無，此爻其宅常帶口舌或官事。仿此。

陰爻陽象半女人，陰象陽爻半男子㊃。

注：陽象有父母爻，陰象有父母爻，男女各半。遊魂宅煩移居居，五世宅人口少也。

妻財為廚子為廂，官鬼為廳父母堂，兄弟為門看月卦，又驚剋處有其傷。

注：卦在內象門戶深，外象門戶淺。且七月卦，無申爻，為無卦也。如無卦，占兄弟爻有動。剋父母堂屋破，剋官鬼者廳屋破。他仿此。

青龍父母並者，非木即作，或云煙青翠。朱雀父母並者，遠宅有路，或近壇場。騰蛇父母並者，宅有驚恐喧鬧，亦地薄人貧。勾陳臨父母並者，遠宅如城有塚墓。白虎父母並者，

《卜筮元龜》教例：020		
震宮：雷地豫（六合）		
本　卦		
妻財庚戌土	▅▅　▅▅	
官鬼庚申金	▅▅　▅▅	
子孫庚午火	▅▅▅▅▅	應
兄弟乙卯木	▅▅　▅▅	
子孫乙巳火	▅▅　▅▅	
妻財乙未土	▅▅　▅▅	世

遠屋有石有路，或多人病。玄武臨父母並者，宅有近坑之地，或多低濕，近沉陷之處。父母變鬼，寄居宅，不爾本有人家居，若無此，更常有口舌、公事，有官職即吉慶。

父母爻當子墓財，坐墓其宅大富貴㊄。

注：昌盛福德之宅也。

何知其宅足富貴，旺相爻興終有氣。

注：父母長生至帝旺，名宅有氣，新屋或新修。若父母爻從衰至墓絕，又胎養，即是舊宅也。

白虎臨爻終有凶，青龍並之應自喜。

注：白虎凶喪或有疾病，青龍喜慶或有財帛。忽爾②在金土發，亦凶也。

又看卦上五音生，爻當陰墓亦其名。

注：五音者，謂金木火水土也。所占之卦是何也，看鬼神。若父母爻上長生，或在父母爻入墓，定其吉凶。

《卜筮元龜》教例：021		
乾宮：乾為天（六沖）		
本　　卦		
父母壬戌土	▅▅▅▅▅	世
兄弟壬申金	▅▅▅▅▅	
官鬼壬午火	▅▅▅▅▅	
父母甲辰土	▅▅▅▅▅	應
妻財甲寅木	▅▅▅▅▅	
子孫甲子水	▅▅▅▅▅	

《卜筮元龜》教例：022		
坤宮：坤為地（六沖）		
本　　卦		
子孫癸酉金	▅▅　▅▅	世
妻財癸亥水	▅▅　▅▅	
兄弟癸丑土	▅▅　▅▅	
官鬼乙卯木	▅▅　▅▅	應
父母乙巳火	▅▅　▅▅	
兄弟乙未土	▅▅　▅▅	

虎易按：「五音者，謂金木火水土也」，此說不準確。五音，也稱為「五聲」，是古代音樂中的五種音階。《漢書•律曆志》曰：「聲者，宮、商、角、徵(zh ǐ)、羽也」。五音對應五行，宮（土）、商（金）、角（木）、徵(火)、羽（水）。

又法：父母在坎四面是水，在震巽必是林木也。宅效此行是也。

欲知屋下是何物，定其卦體取其形。

注：假令《剝》卦：

以六四丙戌土為門。乾宮以火為鬼，火墓在戌，故知門居下有鬼物。初爻乙未為堂，乾宮以木為財，木墓在未，堂下有財寶，不爾，西南方有財庫。以丙寅木為廚屋，火生於廚屋中，有鬼神。

虎易按：「以六四丙戌土為門」，《卜筮全書•黃金策•行人》曰：「三爻為門，四爻為戶」，此說似乎更合理一些，讀者可參考。

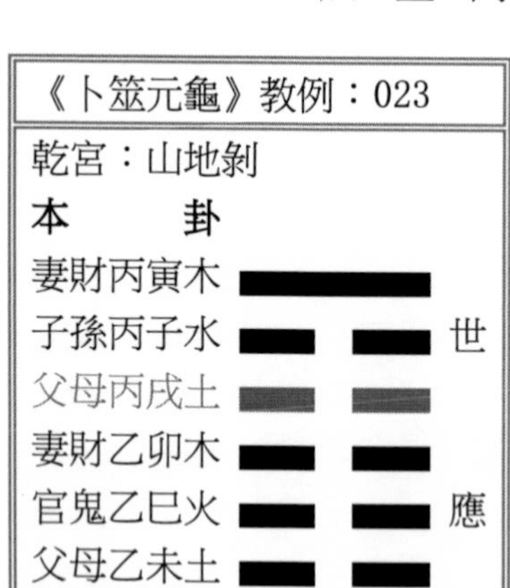

《卜筮元龜》教例：023

乾宮：山地剝

本卦		
妻財丙寅木	▅▅▅▅▅	
子孫丙子水	▅▅ ▅▅	世
父母丙戌土	▅▅ ▅▅	
妻財乙卯木	▅▅ ▅▅	
官鬼乙巳火	▅▅ ▅▅	應
父母乙未土	▅▅ ▅▅	

又法：乙卯木為廚，此屋必無鬼也。以乙巳火為廳，金長[六]生於巳，廳屋亦有功德。如無功德，長有出家人安置物於此。凡月卦，取之廳堂，雇更變也，《剝》卦。

虎易按：「金長生於巳」，指《剝》卦為乾宮卦，乾宮屬金。「凡月卦，取之廳堂，雇更變也，《剝》卦」，指《剝》卦為戌月卦，戌在《剝》卦中為父母爻，父母爻表示為堂。「雇更變也」不知為何意，請讀者注意分辨。

更占住宅何利益，內卦為人外為宅。

注：見住宅，內卦為人，外卦為宅，象人在屋內也。未住屋以外卦為人，內卦為宅，象人住屋外。身在父母爻上未住，父母爻下已住。卦不見身未住，父母與卦世並為見住。仿此是亦也。

人去[七]剋宅宅宜人，宅居剋人人病厄。

注：人剋宅吉，宅剋人凶，人與宅相生吉，相剋凶也。

注釋

①不爾：不如此，不這樣。

②忽爾：忽然如此。

校勘記

㈠「占宅章第一」，原本作「占宅第一章」，疑誤，據本書標題體例改作。

㈡「必」，原本作「法」，疑誤，據《新鍥斷易天機•占家宅•卜筮元龜云》原文改作。

㈢「坤六二乙巳火」，原本作「坤二六辛巳火」，疑誤，據其文意及納甲配屬改作。

㈣「子」，原本作「耳」，疑誤，據《新鍥斷易天機•占家宅•卜筮元龜云》原文改作。

㈤「坐墓其宅大富貴」，原本脫漏，按詩句體例，此處缺一句，以其下面注釋補入。

㈥「長」，原本脫漏，據其文意補入。

㈦「去」，原本作「之」，疑誤，據《新鍥斷易天機•占家宅•卜筮元龜云》原文改作。

占人住處及山勢章第二

凡論人住處，及山水形勢者，若青龍持世，如渴龍投水，屈曲而來。近林木及灣裡住㈡，前有山伏，或如牛臥，按：又近及橋。

朱雀持世，如鳳凰棲翼，近路住㈢及街市住。

騰蛇持世，如瓜藤形容，落處近彎底住㈣。

勾陳持世，如羅城左拱右楫，田心平地中住。四畔有山岡，正面前三山如狗伏，又主回塘邊住。

白虎持世，是獨來山，住在山頭，又住在覆船岡後，水流南去，面前轉如龍蛇走勢㈤。

玄武持世，在平坦處住，形如撒花落地，四畔有尖峰，一一皆來朝揖。又在近水之處住也。

校勘記

㈠「凡論人住處，及山水形勢者，若」，原本脫漏，據《新鍥斷易天機・占家宅・卜筮元龜云》原文補入。

㈡㈢「住」，原本作「在」，疑誤，據《新鍥斷易天機・占家宅・卜筮元龜云》原文改作。

㈣「騰蛇持世，如瓜藤形容，落處近彎底住」，原本脫漏，據《新鍥斷易天機·占家宅·卜筮元龜云》原文補入。

㈤「白虎持世是獨來山，住在山頭，又住在覆船岡後，水流南去，面前轉如龍蛇走勢」，原本脫漏，據《新鍥斷易天機·占家宅·卜筮元龜云》原文補入。

占移居章第三

內卦旺相住則吉，外卦旺相移則通，相剋去凶相生吉，遊魂去吉歸魂凶。內卦空亡移去吉，移居須忌外卦空㈠，內外相生俱有氣㈡，去留俱好任東西。

校勘記

㈠「移居須忌外卦空」，原本作「移居須忌外卦空亡」，疑誤，據《新鍥斷易天機・占家宅・卜筮元龜云》原文改作。

㈡「內外相生俱有氣」，原本作「內外相生俱要有氣」，疑誤，據《新鍥斷易天機・占家宅・卜筮元龜云》原文改作。

身位門

占身命章第一㊀

占身得度及旺相，財與子爻有為上。

卦得進㊁度者，如正月卜得二月卦。退度者，如正月卜得十二月卦。但未來為進，已往為退。卦內有財爻及子孫爻者為吉，有氣相生者為上吉。蓋子孫為福德，妻財爻為富也。

虎易按：「卦得進度者，如正月卜得二月卦」。例如正月卜得《大壯》、《大過》等八個卦為二月卦。「退度者，如正月卜得十二月卦」。例如正月卜得《鼎》、《臨》、《大畜》、《解》等四個卦為十二月卦。讀者可參閱「六十四卦上月定局」。

官爻驛馬共扶身，龍德並之貴無量。

注：鬼與青龍、龍德並位㊂，或持世，終大貴。但卦爻得時，為富為貴。失時，為貧為賤。冬至後卜得陽卦陽爻為貴㊃，夏至後卜得陰卦㊄陰爻為貴。各得其時。

虎易按：「官爻驛馬共扶身」，此處的「扶」，似為「生」的意思，即官鬼與驛馬生身。後面遇「扶」字，有些是與此處相同之意，請讀者注意分辨。

內外世應相生吉，相剋有凶無有榮。

內為身，外為命。世為身，應為命。飛爻為身，伏爻為命。身剋命吉，相生則大吉。

福德既無何以吉，欲求萬事必難成。

卦無福德㈥，終身不泰，更加相剋，萬事難成。

校勘記

㈠「第一」，原本脫漏，據本書目錄體例補入。

㈡「進」，原本脫漏，據其文意補入。

㈢「位」，原本脫漏，據《新鍥斷易天機•占身命•卜筮元龜云》原文補入。

㈣「但卦爻得時，為富為貴。失時，為貧為賤。冬至後卜得陽卦陽爻為貴」，原本脫漏，據《新鍥斷易天機•占身命•卜筮元龜云》原文補入。

㈤「陰卦」，原本脫漏，據《新鍥斷易天機•占身命•卜筮元龜云》原文補入。

㈥「德」，原本作「則」，疑誤，據《新鍥斷易天機•占身命•卜筮元龜云》原文改作。

占人情性章第二㈠

內卦巽云心行毒，

注：內卦為心，外卦為貌。內為巽，心毒如蛇。

坎主心情長委屈，

注：坎主陷險，長帶委曲象水行，人多智巧。

內震為人心多憂，

注：震，驚也，常帶憂也。

艮心安靜常悠㈡遊。

注：艮，山也，如山不動，故心㈢安。

離明如日性剛烈，

注：離，火也，為人聰明性快也。

兌為喜悅亦饒舌，

注：兌，悅也，然為人善言辭。

賢人內卦見乾坤，父母慈愛心常存。

注：乾為父，坤為母，心慈於子，而無惡也。

內卦子孫為福德，水天需卦為法則，

注：坤宮屬土，以金為子。內卦見乾故也，人多忠孝。

月卦化鬼殺陰臨，心多不善常懷刑。

注：月卦化鬼，心常不善。內為嗔，殺陰臨之，心常欲刑害。月卦化鬼者，坤艮宮正二月卦。

虎易按：「月卦化鬼」，指月卦地支，與卦中官鬼爻同五行。「月卦化鬼者，坤艮宮正二月卦」，坤宮正月卦《地天泰》、二月卦《雷天大壯》，艮宮正月卦《風山漸》，二月卦《火澤睽》，卦中官鬼都屬木，與正二月屬木同五行。

校勘記

㊀「第二」，原本脫漏，據本書目錄體例補入。

㊁「悠」，原本作「優」，疑誤，據《新鍥斷易天機•占身命•卜筮元龜•又論人情性云》原文改作。

㊂「心」，原本脫漏，據《新鍥斷易天機•占身命•卜筮元龜•又論人情性云》原文補入。

婚姻門

占婚姻章第一

以應為婦世為夫，世合相生吉有餘，世應相背云難就，二象俱刑豈得平。

皆欲世爻得是陽，應爻是陰。內象陽，外象陰，婚為吉利。更內外相生，一陰一陽相應者，大吉之卦。春《節》《咸》卦之類也。經云：夫婦相應，同志之象也。志同即應，志乖即異。隆墀求歡，遠口必盈，向生於虛，尚從相應。而況六爻之位乎，五唱二和，名臣與君相應。父子相應，夫婦相應，如虛谷之應聲也。

間爻為媒相應之，世應比和易和合，間爻之位若空亡，必定媒人意難遂。

間爻者，世應中二爻為間爻也。與世應相生者大吉，與世應相剋凶。或空亡，事不成。間爻與應相生者，媒與婦家有親。間爻與世相生者，夫家有親。與世應相生者，兩家並有親。子爻與世相生，夫家有親。與應相生，世相生者，亦可親作親。卦無父母爻，及父母空亡者，法無禮聘宜，大婚，為無主婚也。

若與世應相刑害，必被媒人相破敗，欲知破敗不成理，但占媒爻變為鬼。

間爻帶鬼必被破，子爻帶鬼亦然。

另補：占婚要財爻不落空亡，並旺相有氣，世應爻不相剋，及內外相生，並世單重，應爻交拆吉。

占婚姻終久成否章第二

內外陰陽爻發成，旺相有氣亦為精。

內外一陰一陽，爻發帶旺相氣，或終成也。

陽爻發與陰相應，陰應世爻陽必成。

皆云：世陽應陰，內外一陰一陽相應者，大吉。

陰爻獨發而旺相，婦意嫌夫疑不成，陽爻獨發也不就，縱使成婚不稱情。

謂陰陽不相應故也。財爻發，婦嫌夫。鬼爻發，夫婦嫌。但陰陽相感，其意必諧。

夫妻共在一卦中，此為易合保相崇，生死同時不相異，如魚比目意相同。

鬼爻為夫，財爻為婦，共在一家中為大吉。無鬼夫為不合，無財婦不合。卦中要有財鬼二爻。

占男女婚姻相貪圖否章㊀第三

鬼旺婦貪女欲嫁，財旺夫貪男願婚。

鬼旺相，男端正，女家慕嫁。財旺相，女端正，男家慕女。故云相貪圖也。應生鬼，婦慕男。世生財，男慕女。若成親，必吉卦。無父母，無禮聘，必也。

陰陽世應無相對，從此方言再嫁論。

世應俱陰，男家不成亦再嫁。世應俱陽，女家不成再嫁。仿此。

內陰外陽易結交，內陽外陰必難悅。

陰乘陽亦交結，《恒》卦是也。陽乘陰難成，若成亦遲。

俱陰俱陽兩不成，尤似將繩中道截。

內陽外陰難成，成亦遲。若內外俱陽，女家不成，為陰氣不交。內外俱陰，男家不成，為陽氣不交。世應爻亦仿此推象也。

一陽一陰爻卦生，如此㊁其中有稱情。

鬼爻卦，俱見長生相生，陰陽相感，必成也。

娶妻不見有陰爻，嫁女而無陽卦㤰①。

㤰，獨也。二陽相近，如二男同室。二陰相近，於二女同居。志不相感，必不以相德也。

注釋

①惸（qióng）：孤獨。

校勘記

㊀「章」，原本脫漏，據本書標題體例補入。

㊁「如此」，原本作「此如」，疑誤，據《新鍥斷易天機•占婚姻•卜筮元龜云•占男女婚姻相貪圖否》原文改作。

占婚姻起鬥諍①否章第四

八純婚姻無成日，歸魂為婚終不吉。

八純者，純陽純陰。歸魂者，二象相剋，世應不相感。此卦俱為鬼易，故云不吉也。

遊魂之卦亦同推，鬥諍紛紜應異室。

遊魂歸魂云鬥諍者，緣是鬼易。鬼主鬥諍，故云不吉也。

一世二世為吉昌，三世四世亦宜良。

一世二世為㈠地易，三世四世為人易㈡。

變入五世婚姻絕，更之絕命禍重殃。

五世八純為天易，非人間事，主夫婦離間。為世應純陰純陽不相感，故云不吉也。

注釋

①諍（zhēng）：爭論、爭訟。

校勘記

㈠「為」，原文脫漏，據《京氏易傳》補入。

㈡「三世四世為人易」，原本作「一一近人故」，疑誤，據《京氏易傳》「一世二世為地易，三世四世為人易，五世六世為天易，遊魂歸魂為鬼易」體例改作。

占婚姻妨害否章第五

鬼爻持世女妨害，婦意嫌夫不相愛，財爻持世夫妨妻，此則終身應不泰。

鬼爻持世女妨害者，世剋本宮也。財爻持世者，本宮剋世故也。

刑殺加臨世應凶，夫之與婦不相從。

鬼爻財爻及世應被殺剋者，俱不相守也。

更言內外相刑剋，卦與日辰刑殺同㊀。

假令卜得《无妄》、《大壯》是相剋。

虎易按：「假令卜得《无妄》《大壯》是相剋」，指《无妄》上卦《乾》金，剋下卦《震》木。《大壯》下卦《乾》金，剋上卦《震》木。

《卜筮元龜》教例：024	
巽宮：天雷无妄（六沖）	
本　　卦	
妻財壬戌土	▅▅▅▅▅
官鬼壬申金	▅▅▅▅▅
子孫壬午火	▅▅▅▅▅　世
妻財庚辰土	▅▅　▅▅
兄弟庚寅木	▅▅　▅▅
父母庚子水	▅▅▅▅▅　應

《卜筮元龜》教例：025	
坤宮：雷天大壯（六沖）	
本　　卦	
兄弟庚戌土	▅▅　▅▅
子孫庚申金	▅▅　▅▅
父母庚午火	▅▅▅▅▅　世
兄弟甲辰土	▅▅▅▅▅
官鬼甲寅木	▅▅▅▅▅
妻財甲子水	▅▅▅▅▅　應

《蠱》卦是相刑。更加相剋兩重，寅刑巳是也。

虎易按：「《蠱》卦是相刑」，指《蠱》上卦為《艮》，對應東北寅位；下卦為《巽》，對應東南巳位，「寅刑巳是也」。「更加相剋兩重」，指下卦《巽》木，剋上卦《艮》土。世爻辛酉金，剋應爻丙寅木。

《升》卦亦相刑。

虎易按：「《升》卦亦相刑」，指《升》上卦為《坤》，對應西南申位；下卦為《巽》，對應東南巳位，巳刑申。下卦《巽》木，剋上卦《坤》土。

《卜筮元龜》教例：026		
巽宮：山風蠱（歸魂）		
本　　卦		
兄弟丙寅木	▅▅▅▅▅	應
父母丙子水	▅▅　▅▅	
妻財丙戌土	▅▅　▅▅	
官鬼辛酉金	▅▅▅▅▅	世
父母辛亥水	▅▅▅▅▅	
妻財辛丑土	▅▅　▅▅	

《卜筮元龜》教例：027		
震宮：地風升		
本　　卦		
官鬼癸酉金	▅▅　▅▅	
父母癸亥水	▅▅　▅▅	
妻財癸丑土	▅▅　▅▅	世
官鬼辛酉金	▅▅▅▅▅	
父母辛亥水	▅▅▅▅▅	
妻財辛丑土	▅▅　▅▅	應

遇相生吉，《大畜》卦是也。他仿此。

虎易按：「遇相生吉，《大畜》卦是也」。指《大畜》上卦為《艮》，對應東北寅位。下卦為《乾》，對應西北亥位，亥水生寅木。上卦《艮》土，生下卦《乾》金。

《卜筮元龜》教例：028		
艮宮：山天大畜		
本　　卦		
官鬼丙寅木	▅▅▅▅▅	
妻財丙子水	▅▅　▅▅	應
兄弟丙戌土	▅▅　▅▅	
兄弟甲辰土	▅▅▅▅▅	
官鬼甲寅木	▅▅▅▅▅	世
妻財甲子水	▅▅▅▅▅	

校勘記

㊀「同」，原本作「用」，疑誤，據《新鍥斷易天機•占婚姻•卜筮元龜云•占婚姻妨害否》原文改作。

占女家貧富章第六

本宮及財俱旺相，婦家富貴財無量，女貌葳蕤①容媚妍，德行貞華處人上。

假令立秋日卜得《坤》宮㊀卦，是本宮旺相，財爻是水，水生申。假令立冬日卜得《乾》宮卦，是名本宮旺相，財是木，木生亥。若男求婚皆以本宮為女家，女出嫁皆以本宮為男家是也。凡是女財旺㊁相，女有容媚，亦有德行。

虎易按：「財爻是水，水生申」，指水得申金生，又水長生於申。

本宮及財休廢卦，婦家貧乏無擬抵，女貌尪羸②人見愁，舉動形容不剋美。

假令冬至後卜得《兌》宮卦，是本宮卦休廢無氣。立夏後卜得《兌》宮卦，財爻無氣也。皆言木爻無氣，女貌丑，有宿疾也。

本宮無氣財有氣，婦舍雖貧女容媚，

假令立春、春分卜得《乾》《兌》宮，金囚死在春，女家貧乏。以木為財，木旺於春，見女有容媚。女在家求婚，占男家亦如此也。

本宮旺相財囚死，婦舍雖殷女不美。

假令立春、春分卜得《震》宮卦，是本宮旺相，女家富。以土為財，立春土囚死，故知占女貌丑拙。皆仿此。

虎易按：「本宮旺相財囚死」前，抄本原錄有「本宮旺相財囚死，婦舍雖般女不美。假令立春、春分卜得《乾》《兌》宮，金囚死在春，女家貧乏。以木為財，木旺於春，見女有容媚。女在家求婚，占男家亦如此也」。應屬重複錯錄，刪除。

注釋

①葳蕤（wēi ruí）：華美貌；豔麗貌。

②尪羸（wāng léi）：瘦弱。

校勘記

㈠「宮」，原本脫漏，據《新鍥斷易天機•占婚姻•卜筮元龜云•占女家富貴云》原文補入。

㈡「旺」，原本作「才」，疑誤，據其文意改作。

占男女有幾人來求婚章第七

娶妻卦中有兩鬼，兩家竟索千般起。

假令八月酉日申時，卜得《恒》卦：

卦中有兩鬼㊀，八月建酉金為一鬼，酉日建為二鬼，時上金為三鬼，並卦有五鬼。都合，有五家之來求婚者矣㊁。

得位陽爻是正夫，失位陰爻是傍矣。

假令卜得《觀》卦：

九五陽鬼得位，正夫，爻屬辛巳火㊂，是火命者吉。六二陰鬼失位，為傍夫。日月扶㊃世帶鬼，亦是㊄傍夫。

虎易按：「日月扶世帶鬼」，此處指日月與卦中鬼爻同五行，扶世爻。

《卜筮元龜》教例：029	
時間：酉月酉日申時（日空：午未）	
震宮：雷風恒	
本　　卦	
妻財庚戌土 ▅▅ ▅▅	應
官鬼庚申金 ▅▅ ▅▅	
子孫庚午火 ▅▅▅▅▅	
官鬼辛酉金 ▅▅▅▅▅	世
父母辛亥水 ▅▅▅▅▅	
妻財辛丑土 ▅▅ ▅▅	

《卜筮元龜》教例：030	
乾宮：風地觀	
本　　卦	
妻財辛卯木 ▅▅▅▅▅	
官鬼辛巳火 ▅▅▅▅▅	
父母辛未土 ▅▅ ▅▅	世
妻財乙卯木 ▅▅ ▅▅	
官鬼乙巳火 ▅▅ ▅▅	
父母乙未土 ▅▅ ▅▅	應

婦女卦中有兩財，夫身亦云曾娶來。
陰財得位爻為正妻，陽財失位爻為傍妻。
陽爻失位主離別，陰爻得位吉無猜。
財得位陰爻，得妻遠必吉。
應降世升欲娶婦，世降應升欲嫁女。
十一月以後至四月以前，陽時為升。五月以後，十月以前，陽㈥時為降。五月以後，十月以前，陰為升。世應爻。他卦仿此推之。
應生世者女貪夫，世生應者男貪婦。
世生應者，《泰》卦是也。世剋應，女家懼男。應剋世，男家懼女。鬼剋應，女懼夫。財剋世，男懼女。餘仿此。

校勘記

㈠「鬼」，原本作「家」，疑誤，據《新鍥斷易天機•占婚姻•卜筮元龜云•占男女有幾人來求婚》原文改作。

㈡「有五家之來求婚者矣」，原本作「有五家求需也」，疑誤，據《新鍥斷易天機•占婚姻•卜筮元龜云•占男女有幾人來求婚》原文改作。

㊂「爻屬辛巳火」，原本作「爻無屬辛巳火」，疑誤，據《新鍥斷易天機•占婚姻•卜筮元龜云•占男女有幾人來求婚》原文改作。

㊃「扶」，原本作「持」，疑誤，據《新鍥斷易天機•占婚姻•卜筮元龜云•占男女有幾人來求婚》原文改作。

㊄「是」，原本脫漏，據《新鍥斷易天機•占婚姻•卜筮元龜云•占男女有幾人來求婚》原文補入。

㊅「陽」，原本作「陰」，疑誤，據其文意改作。

㊆「余」，原本作「它」，疑誤，據《新鍥斷易天機•占婚姻•卜筮元龜云•占男女有幾人來求婚》原文改作。

占夫婦端正醜拙章第八

鬼與財爻在象言之

乾為端正主白淨，法亦多能有多行，
假令壬申金為財，財在乾象，端正也。
若㊀不官僚職任家，則是鄉閭①財祿盛。
謂有財之象也。
坤言醜拙性而慳，面目痿黃腹似山，
但是陰爻陰象，皆慳拙也。
舉止遲留難轉動，自誇稱好外人彈。
彈為彈剝②。坤主安靜兼肥大，故云遲留也。
震言巧伎能絲綸，垂髮如雲體如練，心神多動難自持，性意如風易回轉。
震言能變動。卦屬木，木屬風，風性易回轉。
巽象貪心不知足，口高齒疏行步速，
象風之勢，行步速也。
形容寡髮縱天然，合體蒼蒼何可錄。

巽色蒼蒼，亦少鬢髮者也。若變入兌，青白色也。

坎主黯色多淫佚，兼復驕奢心妒嫉，雖然長短貌平平，終知難可為家室。

坎主中形，復能儉約，心性委曲，財在坎故也。

離為赤色髮焦黃，醜拙形容腹不長，性行不恒寬又急，縱使同生亦易方。

離旺相赤色，休囚紅色。火性或寬或急，雖同生處，旺相即居別方。象火而出，旺相，即各㊁分飛散也。

艮主喜悅巧針囊，為人能柔又能剛，

艮山主石，志性堅剛。艮為土，土中能載萬物，故為囊也。陽卦，故云喜悅。

身廉正靜微黃色，形容非短亦不長。

艮象主山，山主安靜。旺相長大，休囚死廢㊂短小也。

兌多口舌兼饒事，身體形容白似霜，溫潤為人過似玉，人前論說巧詞章。

兌雖堅正，剛而有潤。故兌為澤，為口舌者。以例而推也㊃。

財在陽爻象又陽，容儀工巧更無雙，

財在陽爻㊄吉，財在陰爻醜拙也。

財臨陰象爻又陰，形容醜拙惡人心。

陰屬醜拙，陽屬端正。

狀貌既云如此說，縱有婚姻亦不任。

陰變為陽，幼小醜拙，長大端正。陽變為陰，幼小端正，長大醜拙。

注釋

①鄉閭（lǘ）：泛指鄉裡。

②彈剝：缺點，差错。

校勘記

㊀「若」，原本脫漏，據《新鍥斷易天機•占婚姻•卜筮元龜云•占夫婦端正醜拙》原文補入。

㊁「各」，原本作「合」，疑誤，據《新鍥斷易天機•占婚姻•卜筮元龜云•占夫婦端正醜拙》原文改作。

㊂「休囚死廢」，原本作「休廢囚死」，疑誤，據《新鍥斷易天機•占婚姻•卜筮元龜云•占夫婦端正醜拙》原文改作。

㊃「故兑為澤，為口舌者。以例而推也」，原本作「故兑為澤，為口也」，疑誤，據《新鍥斷易天機•占婚姻•卜筮元龜云•占夫婦端正醜拙》原文改作。

㊄「爻」，原本作「象」，疑誤，據《新鍥斷易天機•占婚姻•卜筮元龜云•占夫婦端正醜拙》原文改作。

求財門

占求財買賣章第一

財爻持世兼剋身，此皆得利自然真。

財爻持世，《解》卦是。

財爻剋身者，《大過》是也。

虎易按：「財爻剋身者」，「身」指世爻。

財旺買物金玉貴，休囚賣必賤如塵。

外剋內，應剋世，易得財。世剋應，內剋外，難得財。與卦並或剋世亦得財，上下世應相生亦得財。若內旺外無氣，其財先貴後賤。內無氣外旺相，其財先賤後貴。交易者，內外有財，相生大吉也。旺相云貴亦少，無氣云賤亦多。假令水絕於春，春雨多，多則賤。水旺相於冬，冬雨少，少則貴。假令交秋多大風，風屬木，木死於午，葬未，絕申，故知變秋，多風故雲。萬物盡皆仿此。

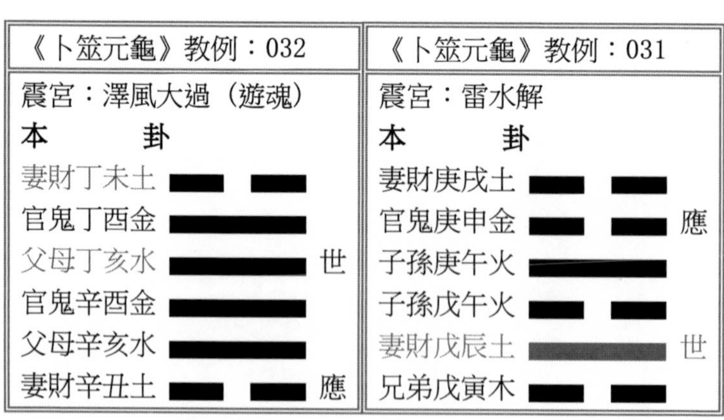

《卜筮元龜》教例：031		
震宮：雷水解		
本　　卦		
妻財庚戌土	▅▅　▅▅	
官鬼庚申金	▅▅　▅▅	應
子孫庚午火	▅▅▅▅▅	
子孫戊午火	▅▅　▅▅	
妻財戊辰土	▅▅▅▅▅	世
兄弟戊寅木	▅▅　▅▅	

《卜筮元龜》教例：032		
震宮：澤風大過（遊魂）		
本　　卦		
妻財丁未土	▅▅　▅▅	
官鬼丁酉金	▅▅▅▅▅	
父母丁亥水	▅▅▅▅▅	世
官鬼辛酉金	▅▅▅▅▅	
父母辛亥水	▅▅▅▅▅	
妻財辛丑土	▅▅　▅▅	應

賣財世應旺相實，買遇休囚貨盈益。

財休囚主賤，宜買。旺相主貴，宜賣。

卦有三金得寶多，離象見之無不吉。

離宮屬火，以金為財，《旅》卦是也：

九三丙申金，九四己酉金，上下互體是兌，三金也。採寶得此卦，宜向山中求，或在古墓中。以象方知處斷。

凡卦無財鬼剋身，忘遺應是遇偷人。

若無財，鬼亦動，亦無應之財也。

貞悔相生都有氣，財並龍德迨①金銀。

月建為龍，亦為青龍，但內外相德生，鬼爻不動，不落空亡者，有財寶。反此無。若卦動官鬼臨庫者，公財吉，私財凶。財當鬼生位，亦凶也。

另補：財爻有氣旺相，不落空亡，吉也。若值空亡無氣，休廢不成，凶也。

《卜筮元龜》教例：033		
離宮：火山旅		
本　　卦		
兄弟己巳火	▅▅▅▅▅	
子孫己未土	▅▅　▅▅	
妻財己酉金	▅▅▅▅▅	應
妻財丙申金	▅▅▅▅▅	
兄弟丙午火	▅▅　▅▅	
子孫丙辰土	▅▅　▅▅	世

注釋

①迨（dài）：到。

占凡四五處求財，買何為得財章第二

欲得財爻旺相實，不落空亡故為吉，財爻發動兼剋身，此處得云為第一。

卦有子財處得財，如無財，子孫動亦得財。卦有二身三身者求財，不知得合，與人共分。

卦裡無財遯蹇流，直說須云拋卻休，鬼化為財財易得，財化為鬼失財憂。

《遯》、《蹇》二卦無財，本宮財化鬼。

虎易按：「本宮財化鬼」，指以上兩卦本宮財爻，都伏藏在本卦的官鬼爻下。此處「化」字，與動爻所變之爻稱為「化」，體例是不一樣的，大約是那個時代的人特有的文字方式吧。提請讀者注意分辨，不要混淆了，後文遇此「化」之意，同此，不另注釋。

《卜筮元龜》教例：034

乾宮：天山遯

伏神	本卦		
	父母壬戌土	▅▅▅▅▅	
	兄弟壬申金	▅▅▅▅▅	應
	官鬼壬午火	▅▅▅▅▅	
	兄弟丙申金	▅▅▅▅▅	
妻財甲寅木	官鬼丙午火	▅▅　▅▅	世
	父母丙辰土	▅▅　▅▅	

《卜筮元龜》教例：035

兌宮：水山蹇

伏神	本卦		
	子孫戊子水	▅▅　▅▅	
	父母戊戌土	▅▅▅▅▅	
	兄弟戊申金	▅▅　▅▅	世
	兄弟丙申金	▅▅▅▅▅	
妻財丁卯木	官鬼丙午火	▅▅　▅▅	
	父母丙辰土	▅▅　▅▅	應

財憂兄弟終言剋，兄弟憂財終可得，

財憂兄弟者，若卦失財，亦零碎凋散，《睽》卦是也。

兄弟化財，初散後聚，《无妄》是也。

虎易按：「財憂兄弟」，《睽》卦例，指本宮妻財丙子水，伏在本卦兄弟己未土下。「兄弟化財」，《无妄》卦例，指本宮兄弟辛卯木，伏在本卦妻財壬戌土下。

化為子位亦無憂，以此推之必無惑㈠。

校勘記

㈠「化為子位亦無憂，以此推之必無惑」，原本脫漏，據《新鍥斷易天機•占買賣•卜筮元龜云》原文補入。

《卜筮元龜》教例：036

艮宮：火澤睽

伏神	本卦		
	父母己巳火	▅▅▅▅▅	
妻財丙子水	兄弟己未土	▅▅ ▅▅	
	子孫己酉金	▅▅▅▅▅	世
	兄弟丁丑土	▅▅ ▅▅	
	官鬼丁卯木	▅▅▅▅▅	
	父母丁巳火	▅▅▅▅▅	應

《卜筮元龜》教例：037

巽宮：天雷无妄（六冲）

伏神	本卦		
兄弟辛卯木	妻財壬戌土	▅▅▅▅▅	
	官鬼壬申金	▅▅▅▅▅	
	子孫壬午火	▅▅▅▅▅	世
	妻財庚辰土	▅▅ ▅▅	
	兄弟庚寅木	▅▅ ▅▅	
	父母庚子水	▅▅▅▅▅	應

占本宮財與鬼並，憂失財章第三

求財遇萃必折本，世與鬼並那堪忖，當須防慎以為懷，
憂逢盜賊自侵損。

《萃》：

兌宮二世卦，本宮丁卯木為財，飛爻乙巳火為兌宮鬼，是財化為鬼也。

占求財買賣行何方有吉凶章第四

本宮絕命及入墓，兼之鬼墓同相顧，

本宮墓及鬼墓方不可行。

假令離宮屬火，絕命在乾，墓亦在乾，西北方不可行，火㊀墓者在戌。離宮以水為鬼，水墓在辰，東南方不可行也，行即有口舌或憂疾病，不祥之兆。

又云：但絕墓之方，非死必病。

墓絕之方最為凶，若欲經求避其路。

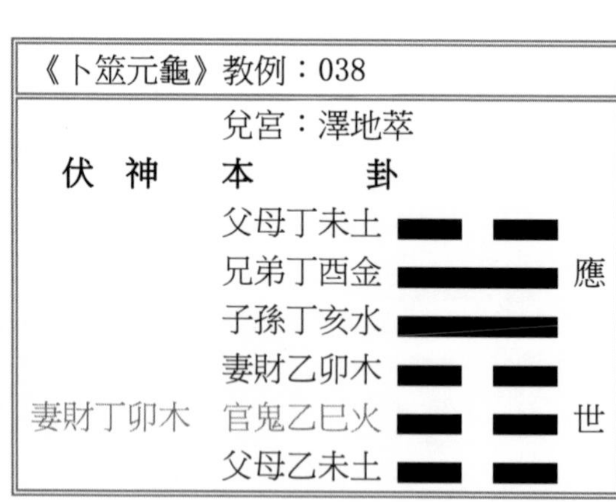

《卜筮元龜》教例：038

兌宮：澤地萃

伏神	本卦		
	父母丁未土	▅▅ ▅▅	
	兄弟丁酉金	▅▅▅▅▅	應
	子孫丁亥水	▅▅▅▅▅	
	妻財乙卯木	▅▅ ▅▅	
妻財丁卯木	官鬼乙巳火	▅▅ ▅▅	世
	父母乙未土	▅▅ ▅▅	

但墓絕之方，非死主有疾也。

生氣長生是吉方，世爻旺處即宜良，

世卦生旺處吉，出行百事宜。

八卦之方同此說，終身無病亦無傷。

假令離宮，正南㈡卦，世在離，吉㈢也。假令乾氣生卦，世在乾，占東北方雖然福德，但在墓方，亦不可行。假令正卦世火，旺在南，長生東北方。他仿此是也。

虎易按：「假令乾氣生卦，世在乾，占東北方雖然福德，但在墓方」，指東北方為地支丑之位，丑為乾金之墓。「假令正卦世火，旺在南，長生東北方」，指東北方為地支寅之位，火長生在寅。

校勘記

㈠「火」，原本作「鬼」，疑誤，據其卦理及文意改作。

㈡「南」，原本作「東」，疑誤，據離宮所屬方位改作。

㈢「吉」，原本作「占」，疑誤，據其文意改作。

占辨君子小人求財法章第五

小人求財得乾卦，心裡無良行劫害。

此人必占，為小人之道。

假令巳酉丑月㈠，卜得《乾》卦：

是劫在寅，乾以寅為財，故也。又《乾》乃四月卦屬巳，及巳酉劫在寅，名身有劫也，故知為小人之道。凡人求財，須要身旺相，與青龍龍德合㈡，則君子得財。

《卜筮元龜》教例：039		
時間：巳酉丑月		
乾宮：乾為天（六沖）		
本　　卦		
父母壬戌土	▅▅▅	世
兄弟壬申金	▅▅▅	
官鬼壬午火	▅▅▅	
父母甲辰土	▅▅▅	應
妻財甲寅木	▅▅▅	
子孫甲子水	▅▅▅	

虎易按：原本作「假令甲子辰月，卜得《乾》卦，是劫在寅」，據劫殺例「巳酉丑劫殺在寅，申子辰劫殺在巳，寅午戌劫殺在亥，亥卯未劫殺在申」，知其「假令甲子辰月」有誤，改作「假令巳酉丑月」。附「劫殺」表，供讀者參考。

巳酉丑兮卜得《泰》，寅午戌兮劫殺亥㈢。

此名卦殺劫財也。

虎易按：「此名卦殺劫財也」，指《泰》是正月卦，月卦屬寅，巳酉丑劫殺在寅，所以稱為「卦殺」。

神煞 \ 地支	寅	卯	辰	巳	午	未	申	酉	戌	亥	子	丑
劫殺	亥	申	巳	寅	亥	申	巳	寅	亥	申	巳	寅

申子辰兮驛馬寅，財與寅為六合亥。

此名卦與驛馬與官財併合，是官人求財也。

虎易按：「申子辰兮驛馬寅，財與寅為六合亥」，指申子辰得《泰》卦，驛馬為寅。《泰》是正月卦，月卦屬寅，官鬼也是寅，與財爻亥水合。所以稱為「卦與驛馬與官財併合」。

《卜筮元龜》教例：040

時間：巳酉丑

坤宮：地天泰（六合）

本　卦		
子孫癸酉金	▅▅　▅▅	應
妻財癸亥水	▅▅　▅▅	
兄弟癸丑土	▅▅　▅▅	
兄弟甲辰土	▅▅▅▅▅	世
官鬼甲寅木	▅▅▅▅▅	
妻財甲子水	▅▅▅▅▅	

校勘記

㈠「巳酉丑月」，原本作「甲子辰月」，疑誤，據後文之意改作。

㈡「合」，原本作「身」，疑誤，據《新鍥斷易天機•占求財•卜筮元龜云•占辨君子小人求財云》原文改作。

㈢「亥」，原本作「害」，疑誤，據其卦理及文意改作。

占徵索得財否章第六

世爻旺相剋應得，內剋外兮準斯則。

以剋為索物也。

應爻有氣吉應並，日月與時持世應。

吉神者，青龍龍德、時陽月令之類是吉神也。雖然此言，亦須卦內有財者言，若無財，吉神雖並，亦難得之。

白虎爻來持世嗔，朱雀喧爭口舌陳。

白虎朱雀旺相，爻動剋世應者，主喧爭也。

鬼爻若動維官府，不爾還將近鄰裡。

卦雖有財，而索未得，為內外相剋也。白虎臨財己先嗔，臨應他先嗔，比和則無鬧也。

占人有意還財否章第七

世應相生有還意，雖道㊀無財常準擬①。

《咸》卦之類是㊁也。

虎易按：《咸》卦應爻丁未土，生世爻丙申金。

外生內卦有還心，旺相比和猶益進。但見內外世應，全相生比和，不落空亡者，雖未有財，長有還心。

《渙》卦之類是也。

虎易按：《渙》卦內坎水生外巽木，世爻辛巳火生應爻戊辰土。

《卜筮元龜》教例：041	
兌宮：澤山咸	
本　　卦	
父母丁未土 ▅▅　▅▅	應
兄弟丁酉金 ▅▅▅▅▅	
子孫丁亥水 ▅▅▅▅▅	
兄弟丙申金 ▅▅▅▅▅	世
官鬼丙午火 ▅▅　▅▅	
父母丙辰土 ▅▅　▅▅	

《卜筮元龜》教例：042	
離宮：風水渙	
本　　卦	
父母辛卯木 ▅▅▅▅▅	
兄弟辛巳火 ▅▅▅▅▅	世
子孫辛未土 ▅▅　▅▅	
兄弟戊午火 ▅▅　▅▅	
子孫戊辰土 ▅▅▅▅▅	應
父母戊寅木 ▅▅　▅▅	

子與財爻動生世，他心自來還有意，假令《賁》卦，丙子水動，化為《家人》卦辛巳火動，是生世者是也。

虎易按：《賁》之《家人》，雖然妻財丙子水動，可以生世爻己卯木，但水動化巳為化絕。此例選用不太恰當，讀者能理解作者之意，參考即可。

《卜筮元龜》教例：043

艮宮：山火賁（六合）				巽宮：風火家人		
本　卦				**變　卦**		
官鬼丙寅木	▅▅▅▅▅			官鬼辛卯木	▅▅▅▅▅	
妻財丙子水	▅▅　▅▅		╳→	父母辛巳火	▅▅▅▅▅	應
兄弟丙戌土	▅▅　▅▅	應		兄弟辛未土	▅▅　▅▅	
妻財己亥水	▅▅▅▅▅			妻財己亥水	▅▅▅▅▅	
兄弟己丑土	▅▅　▅▅			兄弟己丑土	▅▅　▅▅	世
官鬼己卯木	▅▅▅▅▅	世		官鬼己卯木	▅▅▅▅▅	

相生無財意欲還，相剋無財徒再詣②。

卦全相剋，雖有財，意未還。《大壯》《小過》之類是也。

虎易按：「卦全相剋」，指內外卦相剋。《大壯》下乾金剋上《震》木，《小過》上《震》木剋下艮土。

內與③外相生，世應相剋，有財欲還，《萃》《井》卦之類是也。

虎易按：《萃》卦下《坤》土生上兌金，世爻乙巳火剋應爻丁酉金。《井》卦上《坎》水生下《巽》木，世爻戊戌土剋應爻辛亥水。

《卜筮元龜》教例：044		
坤宮：雷天大壯（六沖）		
本　　卦		
兄弟庚戌土	▅▅　▅▅	
子孫庚申金	▅▅　▅▅	
父母庚午火	▅▅▅▅▅	世
兄弟甲辰土	▅▅▅▅▅	
官鬼甲寅木	▅▅▅▅▅	
妻財甲子水	▅▅▅▅▅	應

《卜筮元龜》教例：045		
兌宮：雷山小過（遊魂）		
本　　卦		
父母庚戌土	▅▅　▅▅	
兄弟庚申金	▅▅　▅▅	
官鬼庚午火	▅▅▅▅▅	世
兄弟丙申金	▅▅▅▅▅	
官鬼丙午火	▅▅　▅▅	
父母丙辰土	▅▅　▅▅	應

《卜筮元龜》教例：046		
兌宮：澤地萃		
本　　卦		
父母丁未土	▅▅　▅▅	
兄弟丁酉金	▅▅▅▅▅	應
子孫丁亥水	▅▅▅▅▅	
妻財乙卯木	▅▅　▅▅	
官鬼乙巳火	▅▅　▅▅	世
父母乙未土	▅▅　▅▅	

《卜筮元龜》教例：047		
震宮：水風井		
本　　卦		
父母戊子水	▅▅　▅▅	
妻財戊戌土	▅▅▅▅▅	世
官鬼戊申金	▅▅　▅▅	
官鬼辛酉金	▅▅▅▅▅	
父母辛亥水	▅▅▅▅▅	應
妻財辛丑土	▅▅　▅▅	

注釋

①准擬：打算、準備。

②詣（yì）：前往，去到。

校勘記

㈠「道」，原本脫漏，據《新鍥斷易天機•占買賣•卜筮元龜云•占人有意還財否云》原文補入。

㈡「是」，原本脫漏，據《新鍥斷易天機•占買賣•卜筮元龜云•占人有意還財否云》原文補入。

㈢「與」，原本脫漏，據《新鍥斷易天機•占買賣•卜筮元龜云•占人有意還財否云》原文補入。

占求財何日得章第八

凡占求財何日得，死財財生日月得㈠，死㈡氣財，財入長生時日得。假令以木為財，秋㈢則屬死㈣氣，得亥日是財生之日。生財財合墓為期，以之推此必無惑。

生氣財，財入墓日得㈤。假令以木為財，十月占得，生於亥，是生財。死午葬未，即是五月六月、午未日得財。它皆仿此。

上下相生可剋時，剋外徒言相合期，

凡卦旺相，言生剋時有應。若無氣，內剋外，期無應。它並仿此。

更想空亡兼退度，百般云得亦遲疑。

卦遇空亡退度，難剋時也。

校勘記

㈠「得」，原本作「剋」，疑誤，據其文意改作。

㈡㈣「死」，原本作「無」，疑誤，據《新鍥斷易天機•占買賣•卜筮元龜云•占求財何日得云》原文改作。

㈢「秋」，原本脫漏，據其文意補入。

㈤「得」，原本作「時」，疑誤，據《新鍥斷易天機•占買賣•卜筮元龜云•占求財何日得云》原文改作。

占出入財吉凶章第九

內陽財空還變陽，不宜入財多散亡，
內見《乾》《坎》《艮》《震》，又是陽爻者，主去。
內陰財爻還變陰，如期則吉不須吟。
內《巽》《離》《坤》《兌》為陰，旺相相生大吉，宜入財。外剋內卦宜出財，內剋外亦宜入財。但相生為上。
外陰財陰出財吉，外陽財陽宜貯密，
陽主震動，不宜出財。陰主安靜，宜出，亦不失也㊀。
俱陰為好吉無疑，若是純陽多散失。
純陰㊁宜出財，亦宜入財，相生大吉。純陽不宜出錢物。

校勘記

㊀「也」，原本脫漏，據《新鍥斷易天機·占買賣·卜筮元龜云·占出入財吉凶云》原文補入。
㊁「陰」，原本作「陽」，疑誤，據《新鍥斷易天機·占買賣·卜筮元龜云·占出入財吉凶云》原文改作。

占財庫吉凶章第十

入財財庫化為鬼，此主折財耗害耳。

假令《坎》卦火為財㈠，火喪在戌此為是。

《坎》以火為財，以戌為財庫。九五戊戌土為《坎》鬼，故主此庫折財。

四墓中帶鬼者耗折，官庫財吉。

《卜筮元龜》教例：048

坎宮：坎為水（六沖）

本　　卦		
兄弟戊子水	▅▅　▅▅	世
官鬼戊戌土	▅▅▅▅▅	
父母戊申金	▅▅　▅▅	
妻財戊午火	▅▅　▅▅	應
官鬼戊辰土	▅▅▅▅▅	
子孫戊寅木	▅▅　▅▅	

校勘記

㈠「假令坎卦火為財」，原本作「假令坎卦以火為財」，疑誤，據《新鍥斷易天機・占買賣・卜筮元龜云・占出入財吉凶云》原文改作。

出行門

占遠行宜向何方章第一

欲知去處忌何方，卦臨絕墓是凶殃，

外卦為去外方，卦臨墓絕是凶方。它仿此。

如乾變入離宮去，遠向南方非是良。

外《乾》變《艮》宮入墓中，東北不可行。變入《離》宮名絕命，正南不可行。不動，去北方亦凶。凡遠行見象入墓亦凶，不死憂庫病。

假令卜得《豫》卦：

內見《坤》，木墓在未，故也。

虎易按：「木墓在未」，指《豫》卦外《震》屬木，內卦為《坤》，《坤》在後天八卦方位為西南，地支配未申。未為木之墓。

《卜筮元龜》教例：049		
震宮：雷地豫（六合）		
本　　卦		
妻財庚戌土	▅▅　▅▅	
官鬼庚申金	▅▅　▅▅	
子孫庚午火	▅▅▅▅▅	應
兄弟乙卯木	▅▅　▅▅	
子孫乙巳火	▅▅　▅▅	
妻財乙未土	▅▅　▅▅	世

假令《遯》與《咸》：

內見艮，金墓丑，故也。

虎易按：「內見艮，金墓丑」，指《遯》《咸》兩卦，外卦《乾》《兌》屬金，內卦為《艮》，《艮》在後天八卦方位為東北，地支配丑寅，丑為金之墓。

《卜筮元龜》教例：050		
乾宮：天山遯		
本　　卦		
父母壬戌土	▅▅▅▅▅	
兄弟壬申金	▅▅▅▅▅	應
官鬼壬午火	▅▅▅▅▅	
兄弟丙申金	▅▅▅▅▅	
官鬼丙午火	▅▅　▅▅	世
父母丙辰土	▅▅　▅▅	

《卜筮元龜》教例：051		
兌宮：澤山咸		
本　　卦		
父母丁未土	▅▅　▅▅	應
兄弟丁酉金	▅▅▅▅▅	
子孫丁亥水	▅▅▅▅▅	
兄弟丙申金	▅▅▅▅▅	世
官鬼丙午火	▅▅　▅▅	
父母丙辰土	▅▅　▅▅	

假令《姤》卦：

五月卦，屬火，墓在戌，絕在亥，西北不可遠行，必有迍。

虎易按：「五月卦，屬火」，指月卦身為午。「墓在戌，絕在亥，西北不可遠行」，指後天八卦方位西北，地支配戌亥。

《卜筮元龜》教例：052		
乾宮：天風姤		
本　　卦		
父母壬戌土	▅▅▅▅▅	
兄弟壬申金	▅▅▅▅▅	
官鬼壬午火	▅▅▅▅▅	應
兄弟辛酉金	▅▅▅▅▅	
子孫辛亥水	▅▅▅▅▅	
父母辛丑土	▅▅　▅▅	世

欲知誰是出行人，卦中無者是其身，假令得遯為子孫㊀，兄弟得升如上陳。

《遯》卦無水，子孫出行。

《升》卦無木，兄弟出行。

六位但有破爻，無日月破者，即占空亡是出行人也。仿此。

《卜筮元龜》教例：053		
乾宮：天山遁		
本　　卦		
父母壬戌土	▅▅▅▅▅	
兄弟壬申金	▅▅▅▅▅	應
官鬼壬午火	▅▅▅▅▅	
兄弟丙申金	▅▅▅▅▅	
官鬼丙午火	▅▅　▅▅	世
父母丙辰土	▅▅　▅▅	

欲知幾路為行處，卦有三身三路去。

三身者，酉日卜得《升》卦：

《卜筮元龜》教例：054		
震宮：地風升		
本　　卦		
官鬼癸酉金	▅▅　▅▅	
父母癸亥水	▅▅　▅▅	
妻財癸丑土	▅▅　▅▅	世
官鬼辛酉金	▅▅▅▅▅	
父母辛亥水	▅▅▅▅▅	
妻財辛丑土	▅▅　▅▅	應

是卦以鬼為身，卦中兩鬼，日上一鬼，三身。它仿此。

《卜筮元龜》教例：055		
時間：酉日		
震宮：地風升		
本　　卦		
官鬼癸酉金	▅▅　▅▅	
父母癸亥水	▅▅　▅▅	
妻財癸丑土	▅▅　▅▅	世
官鬼辛酉金	▅▅▅▅▅	
父母辛亥水	▅▅▅▅▅	
妻財辛丑土	▅▅　▅▅	應

虎易按：「是卦以鬼為身」，指《升》卦為酉月卦，酉金在本卦中六親為官鬼。

兩卦當言兩路行，一路一身無所慮。
卦有二身兩路行，一身一路行。仿此。

校勘記

㈠「子孫」，原本作「兄弟」，疑誤，據其卦理及文意改作。

占遠行或中道去歸章第二

外陽出行陰不行，得艮有時還自止，
陽雖成行，入墓還止。陰雖不行，旺相還去。艮雖云止，去亦不回來是也。宜㈠看卦象進退運氣消息焉。

有爻發動來剋身，或被行人催促矣。
子爻發動來剋身，被人催促。印綬爻剋身，父母催促㈡。

陽卦變陰中道歸，陰乘陽卦去如飛，世陽應陰無阻礙，世陰應陽來或遲。
皆如外卦發動。

離變為陽善公事，驛馬剋身行速使，

驛馬剋身或世，官職人催促。

鬼爻剋世被勾催，仔細尋之為妙耳。

鬼爻不動吉，日月剋之凶㊂。

校勘記

㊀「宜」，原本脫漏，據《新鍥斷易天機•占出行•卜筮元龜云•占遠行或中道去歸云》原文補入。

㊁「促」，原本脫漏，據《新鍥斷易天機•占出行•卜筮元龜云•占遠行或中道去歸云》原文補入。

㊂「鬼爻不動吉，日月剋之凶」，原本作「鬼爻不動，占日月剋之」，疑誤，據《新鍥斷易天機•占出行•卜筮元龜云•占遠行或中道去歸云》原文改作。

占人行與不行章第三

凡欲知人行不行，貞悔占之將自明，
內旺相生外成行，內剋外成行。無氣生內不成行，外剋內亦不成行。故云貞悔占之也。
更想六爻何處斷，如無月建去將成。
月建剋卦及世，並不成行。
水火臨身發應疾，外陽即去君須悉，
火性急，無氣必遲。水性遲，旺相必速。
外陽旺相必成行，外陰無氣身難出。
陽雖成行，無氣還遲。陰雖不行，旺相還去。
鬼爻發動剋其身，此則公家催促人，
鬼帶大殺剋其身，刺史催促。鬼帶時陽剋身，令長催促。如無人催促，前程必有死危。
除斯之外有爻動，即是朋友及宗親㈠。
父母動剋身，家長催促。兄弟動剋身，朋友催促。子孫動剋身，伴侶催促，或出家人催促。
以上言貞悔者，以內卦為貞，外卦為悔。本卦為貞，之卦為悔。且所論去留催促，不可一概而論。還要生旺有氣去得成，休囚刑剋決去不成也㈡。

注釋

①刺史：職官名。古代司地方糾察的官，後沿稱地方長官，清時為知州的尊稱。

②令長：職官名。秦漢時治萬戶以上縣者為令，不足萬戶者為長。後因以「令長」泛指縣令。

校勘記

㈠「即是朋友及宗親」，原本作「即是朋友親族去」，疑誤，據《新鍥斷易天機・占出行・卜筮元龜云・占人行與不行云》原文改作。

㈡「以上言貞悔者，以內卦為貞，外卦為悔。本卦為貞，之卦為悔。且所論去留催促，不可一概而論。還要生旺有氣去得成，休囚刑剋決去不成也」，原本脫漏，據《新鍥斷易天機・占出行・卜筮元龜云・占人行與不行云》原文補入。

占行人止方未定章第四

內卦見坎用安然，得艮擬發漸移舷。

《艮》云擬發者，時行即行，時止即止，未定之象也。假令卜北方人得《坎》固安，得《艮》擬發，得《震》半道。卜東北方人得《艮》亦安然，得《震》擬發，得《巽》半道，得《離》欲走，得《坎》入門之卦。

震宮半道巽在路，離象變之坎入門㊀。

皆云行人在位方內，得對沖之卦為到得。內得《乾》《坤》《兌》三卦，即是不來，難也。

雖然無氣亦還來，不必唯云新卦也。

內象休囚入墓者亦來，被日月衝破，必離本處。

校勘記

㊀「離象變之坎入門」，原本作「離象見之而入門」，疑誤，據其卦理及文意改作。

占行人消息有無章第五

凡占家人子墓期，他人來者合為時，震宮子爻言在戌，六合他人言未知。

假令卜得《恒》㊀卦：

庚午火為本宮子，火長生在寅，正月當有消息。火墓在戌，戌日當有消息㊁，此家內人之言也。

若卜外人，子爻在午，午與未合，未日有信，或寅日亦有消息。

欲知行人何日到，月卦合神年月告，假令丙子水為身，辛丑之辰以時道。

假令《賁》卦是也。

太歲並以月告，月建並以日告，日並以時告，皆以支干合日為期。後㊂仿此。

另補：卜行人，世應發動立至。又以應爻合處，是為回月日。如財爻動旺，未歸。若落空亡及無氣，即凶也。

《卜筮元龜》教例：056	
震宮：雷風恒	
本　　卦	
妻財庚戌土 ▅▅　▅▅	應
官鬼庚申金 ▅▅　▅▅	
子孫庚午火 ▅▅▅▅▅	
官鬼辛酉金 ▅▅▅▅▅	世
父母辛亥水 ▅▅▅▅▅	
妻財辛丑土 ▅▅　▅▅	

《卜筮元龜》教例：057	
艮宮：山火賁（六合）	
本　　卦	
官鬼丙寅木 ▅▅▅▅▅	
妻財丙子水 ▅▅　▅▅	
兄弟丙戌土 ▅▅　▅▅	應
妻財己亥水 ▅▅▅▅▅	
兄弟己丑土 ▅▅　▅▅	
官鬼己卯木 ▅▅▅▅▅	世

校勘記

㈠「《恒》」，原本作「《坤》」，疑誤，據《新鍥斷易天機·占行人·卜筮元龜云·占行人消息有無云》原文改作。

㈡「戌日當有消息」，原本作「戌月令有消息有信」，疑誤，據《新鍥斷易天機·占行人·卜筮元龜云·占行人消息有無云》原文改作。

㈢「後」，原本脫漏，據《新鍥斷易天機·占行人·卜筮元龜云·占行人消息有無云》原文補入。

占家內行人知在何處章第六

凡占行人在何處，子變印綬父母擬，以卦所生為子㊀爻。

虎易按：原本作「以卦所生為爻」，此句疑有脫字，不易理解。據後文「子爻若是本宮子」注釋「卦生之爻，即是本宮之子」，改作「以卦所生為子爻」。此句是指「以月卦為我」，然後按「我生者為子孫」的配六親體例，將本卦原有六親，按月卦所生者，轉換為月卦的子孫爻。

假令《困》卦：

五月卦，屬火，則丁未為子爻，戊寅為父母也。行人在父母處也㊁，或叔伯處。

虎易按：「五月卦，屬火」，指《困》卦陰爻持世，按「陰世還從午月生」的起月卦體例，《困》卦為「午」月卦，五行屬

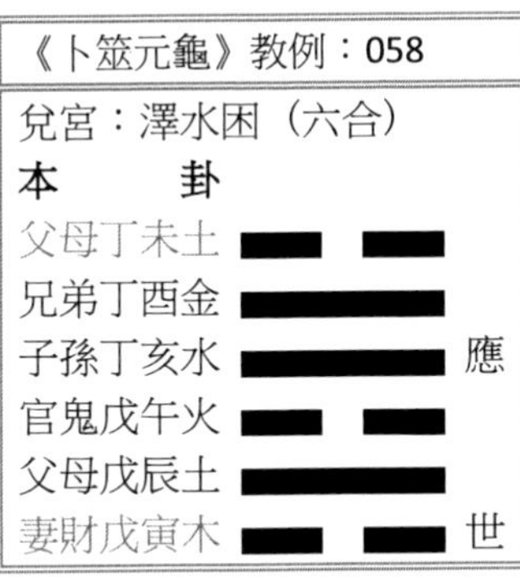

《卜筮元龜》教例：058

兌宮：澤水困（六合）

本　　卦

父母丁未土	▅▅　▅▅	
兄弟丁酉金	▅▅▅▅▅	
子孫丁亥水	▅▅▅▅▅	應
官鬼戊午火	▅▅　▅▅	
父母戊辰土	▅▅▅▅▅	
妻財戊寅木	▅▅　▅▅	世

火。「則丁未為子爻，戊寅為父母也」，是以「生我者為父母，我生者為子孫，剋我者為官鬼，我剋者為妻財，比和者為兄弟」的配六親體例，將本卦中被月卦「午」所生的上六爻父母丁未土，轉換為月卦「午」的子孫，即所謂「子變印綬父母擬」。將本卦中生月卦「午」火的初爻妻財戊寅木，轉換為月卦「午」的父母。此例是以月卦所屬地支五行為「我」，來進行六親轉換的，讀者要注意理解清楚。

變作本宮兄弟邊，

本宮兄弟者，《萃》卦是也：

子變本宮兄弟，是親兄弟處。變外宮兄弟，朋友處。

虎易按：「子變本宮兄弟，是親兄弟處」，《萃》卦六二乙巳火持世，以「陰世還從午月生」，則《萃》為未月卦。月卦未土生本卦九五兄弟丁酉金，丁酉金即為月卦未之子。丁酉金為本宮兄弟，所以稱為「子變本宮兄弟」。

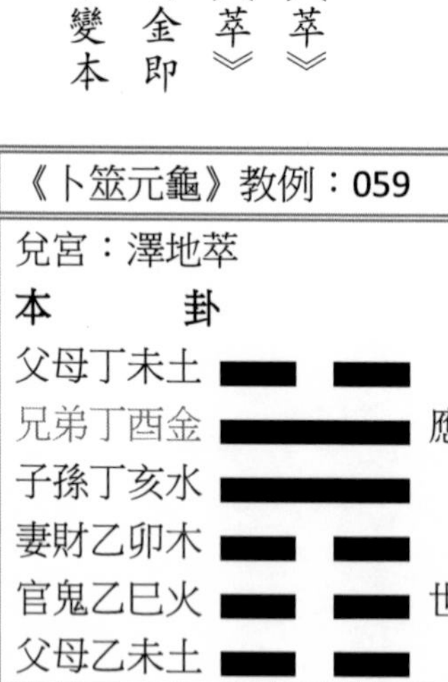

若變財爻賤人處。

變入財爻，《咸》卦是也：

若變財旺相者，是本人妻室處。休囚者，賤人處。其他皆㊂仿此。

虎易按：「變入財爻」，《咸》卦九三丙申金持世，以「陽世則從子月起」，則《咸》為寅月卦。月卦寅木生本卦六二官鬼丙午火，丙午火即為月卦寅之子。「變入財爻」，大約指月卦之子官鬼丙午火下，伏藏本宮妻財丁卯木。此例與前面兩例所論有異，讀者注意分辨。

《卜筮元龜》教例：060

伏神	兌宮：澤山咸 本　　卦		
	父母丁未土	▅▅　▅▅	應
	兄弟丁酉金	▅▅▅▅▅	
	子孫丁亥水	▅▅▅▅▅	
	兄弟丙申金	▅▅▅▅▅	世
妻財丁卯木	官鬼丙午火	▅▅　▅▅	
	父母丙辰土	▅▅　▅▅	

《卜筮元龜》教例：061

乾宮：天地否（六合） 本　　卦		
父母壬戌土	▅▅▅▅▅	應
兄弟壬申金	▅▅▅▅▅	
官鬼壬午火	▅▅▅▅▅	
妻財乙卯木	▅▅　▅▅	世
官鬼乙巳火	▅▅　▅▅	
父母乙未土	▅▅　▅▅	

子爻若是本宮子，行人出家寺觀止，

卦生之爻，即是本宮之子。假令金宮《否》《觀》《蹇》《歸妹》卦是。

《卜筮元龜》教例：062		
乾宮：風地觀		
本　　卦		
妻財辛卯木	▬▬▬▬▬	
官鬼辛巳火	▬▬▬▬▬	
父母辛未土	▬▬　▬▬	世
妻財乙卯木	▬▬　▬▬	
官鬼乙巳火	▬▬　▬▬	
父母乙未土	▬▬　▬▬	應

《卜筮元龜》教例：063		
兌宮：水山蹇		
本　　卦		
子孫戊子水	▬▬　▬▬	
父母戊戌土	▬▬▬▬▬	
兄弟戊申金	▬▬　▬▬	世
兄弟丙申金	▬▬▬▬▬	
官鬼丙午火	▬▬　▬▬	
父母丙辰土	▬▬　▬▬	應

《卜筮元龜》教例：064		
兌宮：雷澤歸妹（歸魂）		
本　　卦		
父母庚戌土	▬▬　▬▬	應
兄弟庚申金	▬▬　▬▬	
官鬼庚午火	▬▬▬▬▬	
父母丁丑土	▬▬　▬▬	世
妻財丁卯木	▬▬▬▬▬	
官鬼丁巳火	▬▬▬▬▬	

假令木宮㈣，《恒》《无妄》《蠱》是也。

餘皆因此斷之㈤。

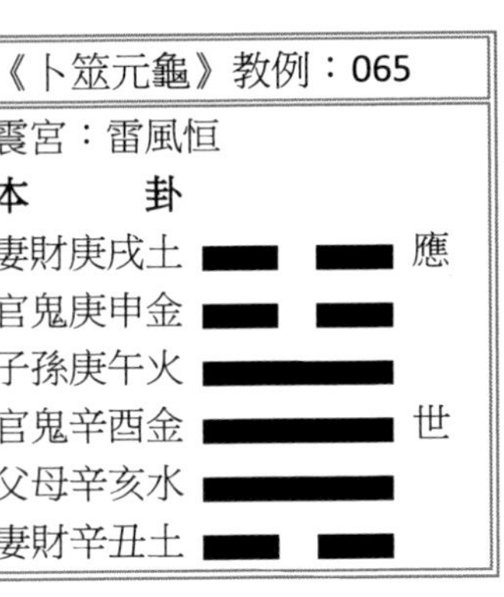

《卜筮元龜》教例：065		
震宮：雷風恒		
本　　卦		
妻財庚戌土	⚋	應
官鬼庚申金	⚋	
子孫庚午火	⚊	
官鬼辛酉金	⚊	世
父母辛亥水	⚊	
妻財辛丑土	⚋	

《卜筮元龜》教例：066		
巽宮：天雷无妄（六沖）		
本　　卦		
妻財壬戌土	⚊	
官鬼壬申金	⚊	
子孫壬午火	⚊	世
妻財庚辰土	⚋	
兄弟庚寅木	⚋	
父母庚子水	⚊	應

《卜筮元龜》教例：067		
巽宮：山風蠱（歸魂）		
本　　卦		
兄弟丙寅木	⚊	應
父母丙子水	⚋	
妻財丙戌土	⚋	
官鬼辛酉金	⚊	世
父母辛亥水	⚊	
妻財辛丑土	⚋	

行人子孫處鬼爻，必近官僚人吏矣。

子爻陽變鬼，近官僚。子爻陰變鬼，近人吏。帶驛馬旺者，為任官處。無氣休囚，非驛馬者，惡徒侶也。

校勘記

㈠「子」，原本脫漏，據其後文注釋「卦生之爻，即是本宮之子」之意補入。

㈡「也」，原本脫漏，據《新鍥斷易天機•占行人•卜筮元龜云•占家內行人知在何處云》

原文補入。

㊂「皆」，原本脫漏，據《新鍥斷易天機•占行人•卜筮元龜云•占家內行人知在何處云》原文補入。

㊃「假令木宮」，原本作「等是本宮」，疑誤，據其卦理及文意改作。

㊄「餘皆因此斷之」，原本作「餘仿此」，疑誤，據《新鍥斷易天機•占行人•卜筮元龜云•占家內行人知在何處云》原文改作。

占行人健否章第七

旺相不入墓爻活，囚死空亡隨水沫，

言卦無氣入墓，及空亡者，皆凶。又時與消息，蓋易道幽玄，體質不可尋，故以時占之。

又看上下卦如何，旺相相生行潑潑。

謂有氣也。

卦爻不化入墓中，皆為平善得安隆，返之必死不須望，但去招魂作殯宮。

卦無子爻，及剋應者，行人終不歸。卦無氣，帶殺入墓者，必死。

假令十二月卜得《觀》卦，六三爻動化入艮。帶殺入墓。若卦象旺相，雖入墓，行人亦歸也。

占行人可待否章第八

凡占行人焉可待，外卦生身兼剋內，卦爻旺相遠言之，無氣休囚近時會。

十二月卜得七八月卦，是近時也。皆以子爻為行人消息，為子以母為家，象子母相戀也。子爻在內終歸，如在近歸。卦中無子終不歸，亦無信也。

《卜筮元龜》教例：068				
時間：十二月				
乾宮：風地觀			艮宮：風山漸（歸魂）	
本　　卦			**變　　卦**	
妻財辛卯木 ▅▅▅▅▅			妻財辛卯木 ▅▅▅▅▅	應
官鬼辛巳火 ▅▅▅▅▅			官鬼辛巳火 ▅▅▅▅▅	
父母辛未土 ▅▅　▅▅	世		父母辛未土 ▅▅　▅▅	
妻財乙卯木 ▅▅　▅▅		╳→	兄弟丙申金 ▅▅▅▅▅	世
官鬼乙巳火 ▅▅　▅▅			官鬼丙午火 ▅▅　▅▅	
父母乙未土 ▅▅　▅▅	應		父母丙辰土 ▅▅　▅▅	

應舉門

占應舉章第一

月建爻動剋其世，如斯必得何須計。假令土世木為官，年月大吉亦為歡。

正月卜得《泰》卦：

甲辰土為世，月建木，木剋世。

七月八月占得震巽宮，以金為鬼，月建金，金剋木，宮木亦同，必得第也。餘仿此。

善為太歲相杖助，此名得舉無猶豫。

太歲在午，世爻屬火，是也。

時當君主在五爻，天子之爻所杖汝。

如《觀》卦，身屬金，九五爻又屬金，是也。

歲午離午世還午，有爻扶身得無虞。

太歲在午，卜得離宮；在未，卜得坤宮；名太歲與本宮並，大吉之兆。

身剋太歲事亦成，世剋建辰徒見許。

《卜筮元龜》教例：069		
時間：正月（寅）		
15871891413		
坤宮：地天泰（六合）		
本　　卦		
子孫癸酉金	▅▅　▅▅	應
妻財癸亥水	▅▅　▅▅	
兄弟癸丑土	▅▅　▅▅	
兄弟甲辰土	▅▅▅▅▅	世
官鬼甲寅木	▅▅▅▅▅	
妻財甲子水	▅▅▅▅▅	

太歲在午，得坎宮或亥子為世爻；歲屬未，卜得震巽或寅卯持世，身剋太歲，徒許不得第也。

卦世太歲宮來好，月建宮來亦同隨，但徒月建本宮來，不假山月依次考。

歲建月建在子，得坎宮或世居坎象；建在丑寅，得艮宮或世居艮象；建在卯，得震或世居震象；建在辰巳，得巽或世居巽象；建在午，得離或世居離象；建在未申，得坤或世居坤象；建在酉，得兑或世居兑象；建在戌亥，得乾或世居乾象。此為天子宮卦，大吉。

陰陽俱動為期則，若也偏驚許不得。

陰動陽不動，陽動陰不動，為偏驚。各陰陽不相應，故不得也。

孫爻應父事猶明，父應子爻為此則。

凡卦子孫爻動，則剋官鬼，須是有父母爻亦動相剋，則得。如父子相應也。

占文字中程否章第二

旺相相生皆為慶，休囚不和終不允，

不和，即內外相剋也。若得一陰而一陽，上下相生亦相順。

相生者，《恒》、《泰》是也。

相剋者，《未濟》是也。內外俱陽應生世，喜慶重重不須計，

《訟》、《需》之類是相生也。

父母爻為文字，父母化為鬼，欲求官財；父母化兄弟，為進身求名之事。父母爻並吉，則終喜慶也㊀。

純陰為怒純陽喜，尤忌殺陰兼無氣。

純陽試官見喜，有氣亦喜。相剋帶殺無氣，則不喜也。

《卜筮元龜》教例：070		
震宮：雷風恒		
本　卦		
妻財庚戌土	▅▅　▅▅	應
官鬼庚申金	▅▅　▅▅	
子孫庚午火	▅▅▅▅▅	
官鬼辛酉金	▅▅▅▅▅	世
父母辛亥水	▅▅▅▅▅	
妻財辛丑土	▅▅　▅▅	

《卜筮元龜》教例：071		
坤宮：地天泰（六合）		
本　卦		
子孫癸酉金	▅▅　▅▅	應
妻財癸亥水	▅▅　▅▅	
兄弟癸丑土	▅▅　▅▅	
兄弟甲辰土	▅▅▅▅▅	世
官鬼甲寅木	▅▅▅▅▅	
妻財甲子水	▅▅▅▅▅	

《卜筮元龜》教例：072		
離宮：火水未濟		
本　卦		
兄弟己巳火	▅▅▅▅▅	應
子孫己未土	▅▅　▅▅	
妻財己酉金	▅▅▅▅▅	
兄弟戊午火	▅▅　▅▅	世
子孫戊辰土	▅▅▅▅▅	
父母戊寅木	▅▅　▅▅	

外陰無氣名莫求，文章錦繡不相投，

內為舉人，外為試官。外陰有氣，與內相生亦吉。

假令立夏節，卜得《家人》卦是也。

朱雀之爻如得位，神助朱衣暗點頭。

純陽相生，內外旺相，更朱雀臨爻，自然神助而高中也。

《卜筮元龜》教例：073		
離宮：天水訟（遊魂）		
本　　卦		
子孫壬戌土	▅▅▅▅▅	
妻財壬申金	▅▅▅▅▅	
兄弟壬午火	▅▅▅▅▅	世
兄弟戊午火	▅▅　▅▅	
子孫戊辰土	▅▅▅▅▅	
父母戊寅木	▅▅　▅▅	應

《卜筮元龜》教例：074		
坤宮：水天需（遊魂）		
本　　卦		
妻財戊子水	▅▅　▅▅	
兄弟戊戌土	▅▅▅▅▅	
子孫戊申金	▅▅　▅▅	世
兄弟甲辰土	▅▅▅▅▅	
官鬼甲寅木	▅▅▅▅▅	
妻財甲子水	▅▅▅▅▅	應

《卜筮元龜》教例：075		
時間：立夏節		
巽宮：風火家人		
本　　卦		
兄弟辛卯木	▅▅▅▅▅	
子孫辛巳火	▅▅▅▅▅	應
妻財辛未土	▅▅　▅▅	
父母己亥水	▅▅▅▅▅	
妻財己丑土	▅▅　▅▅	世
兄弟己卯木	▅▅▅▅▅	

校勘記

㊀「則終喜慶也」，原本作「則吉也」，疑誤，據《新鍥斷易天機•占舉選•占文字中程否云》原文改作。

求官門

占求官章第一

抑身扶世求官得，天驛相生無不剋，

天，驛馬也。謂「申子辰馬居寅，寅午戌馬居申，巳酉丑馬居亥，亥卯未馬居巳」之類。驛馬與鬼相生，大吉。鬼與大殺、太歲、月建並，吉。

虎易按：「抑身扶世求官得」，此處「扶」的意思，與前面不同，似為「輔」的意思。如下麵卦例所述「扶木抑世」，即指父母爻為官鬼所生，來扶助官鬼，剋制剋官鬼的世爻忌神子孫。後面遇「扶」字，有些是與此處相同之意，請讀者注意分辨。從本書多處論「扶」，一是指「被生」，一是指「生」，有些混用的現象，並不是一個準確定義的概念。因此，特提醒讀者，注意分辨，以便理解文中之意，利於今後用於實踐預測。

更逢鬼旺詎①相類，二月坤之升卦是。

二月卜得《坤》之《升》：以乙卯木為官，木旺於卯。馬在巳，乙巳火動大殺，扶木抑世，此名得官矣。

占人問道是何時，答曰扶鬼以為期，鬼值火時應急速，如臨水日事將遲。

火鬼在夏即速，冬遲。爻者，時也，通時也，變也。經云：「吉凶有時，不可背也」。順時則榮，背時則逆，故每不應也。

《卜筮元龜》教例：076				
時間：二月				
占事：求官？				
坤宮：坤為地（六沖）			震宮：地風升	
本　卦			**變　卦**	
子孫癸酉金 ▅▅　▅▅	世		子孫癸酉金 ▅▅　▅▅	
妻財癸亥水 ▅▅　▅▅			妻財癸亥水 ▅▅　▅▅	
兄弟癸丑土 ▅▅　▅▅			兄弟癸丑土 ▅▅　▅▅	世
官鬼乙卯木 ▅▅　▅▅	應	╳→	子孫辛酉金 ▅▅▅▅▅	
父母乙巳火 ▅▅　▅▅		╳→	妻財辛亥水 ▅▅▅▅▅	
兄弟乙未土 ▅▅　▅▅			兄弟辛丑土 ▅▅　▅▅	應

官鬼空亡及衝破，世應並云類可擬，

如八月甲辰旬中，卜得純坤卦：

《卜筮元龜》教例：077
時間：八月　甲辰旬（旬空：寅卯）
占事：求官？
坤宮：坤為地（六沖） **本　　卦** 子孫癸酉金 ▅▅ ▅▅ 世 妻財癸亥水 ▅▅ ▅▅ 兄弟癸丑土 ▅▅ ▅▅ 官鬼乙卯木 ▅▅ ▅▅ 應 父母乙巳火 ▅▅ ▅▅ 兄弟乙未土 ▅▅ ▅▅

名官落空亡。八月建酉，酉卯相沖，故難得。它皆仿此。

有爻帶殺剋身凶，縱得官而還復止。

假令正月損之臨，上九寅爻帶陰殺㊀，舉此一爻為定例，何須更用久沉吟。

正月陰殺㊁在寅，上九寅木爻動，與殺並來剋世，應進則有損，退則有吝。它仿此爻。

虎易按：原本「上九寅爻帶殺陰」，下麵注釋「正月殺陰在寅」，與「殺陰例：正午、二巳、三辰、四卯、五寅、六丑、七子、八亥、九戌、十酉、十一申、十二未」不符。查《新鍥斷易天機•吉神歌訣•陰殺》例「正七寅兮二八辰，三九馬頭四十申，五十一逢犬伴立，六十二月鼠為鄰」與此相符，供讀者參考。

另補：求官要官鬼有氣旺相，並印綬不落空亡。忌子孫發動，並父母與官鬼落空亡。（印綬，父母之義爻也。）

注釋

①詎（jù）：豈、不、難道。

校勘記

㈡「陰殺」，原本作「殺陰」，疑誤，據《新鍥斷易天機‧吉神歌訣‧陰殺》體例改作。

《卜筮元龜》教例：078						
時間：正月						
占事：求官？						
艮宮：山澤損				坤宮：地澤臨		
本　　卦				**變　　卦**		
官鬼丙寅木	▅▅▅▅▅	應	○→	子孫癸酉金	▅▅　▅▅	
妻財丙子水	▅▅　▅▅			妻財癸亥水	▅▅　▅▅	應
兄弟丙戌土	▅▅　▅▅			兄弟癸丑土	▅▅　▅▅	
兄弟丁丑土	▅▅　▅▅	世		兄弟丁丑土	▅▅　▅▅	
官鬼丁卯木	▅▅▅▅▅			官鬼丁卯木	▅▅▅▅▅	世
父母丁巳火	▅▅▅▅▅			父母丁巳火	▅▅▅▅▅	

占何年月得官章第二

欲知得官年月期，有爻持鬼即為時，

假令金爻為官，有亥子爻動扶官，即亥子年，十一月得官也。

如無扶取官生旺，旺相疾速休囚遲。

假令卦屬金，官以火為鬼。正月至五月，得之必速。六月至九月，乘病入墓，主遲。年亦準此消息。

先看本宮旺為正，震則春分餘可並。

先取本宮旺。謂冬至後坎宮，立春艮，春分震，立夏巽，夏至離，立秋坤，秋分兌，立冬乾。八卦，鬼應八節。得官，近取節氣，遠以年論。如乾則成亥年得。它仿此。但內外有氣，相生有氣，爻外剋內。若卦失應，內剋外，無官鬼及無氣，不得也。

占遷官章第三

凡占遷官日月期，如得純乾日月寅，皆以鬼爻生旺斷，正月五月得三敕。

以火為鬼，生寅旺午，故言正五月之類。餘仿此㊀。

《卜筮元龜》教例：079

時間：寅月或寅日

占事：遷官？

乾宮：乾為天（六冲）

本　　卦

父母壬戌土▅▅▅▅▅世
兄弟壬申金▅▅▅▅▅
官鬼壬午火▅▅▅▅▅
父母甲辰土▅▅▅▅▅應
妻財甲寅木▅▅▅▅▅
子孫甲子水▅▅▅▅▅

校勘記

㊀「故言正五月之類。余仿此」，原本作「故正五月也。它仿此」，疑誤，據《新鍥斷易天機・占仕宦・卜筮元龜云・占遷官云》原文改作。

占加官章第四

凡占加官看兩鬼，一鬼來持卦身耳。

鬼符世或符卦，《升》卦有兩官庫。《升㊀》卦以金為鬼，金庫在丑，《升》有兩丑，是有官復加官也。

太歲鬼並台閣①加，月建鬼並外台②矣。

月建與鬼並，監司太守奏加官。太歲與鬼並，天子詔書加官也。

《卜筮元龜》教例：080		
占事：加官？		
震宮：地風升		
本　　卦		
官鬼癸酉金	▅▅　▅▅	
父母癸亥水	▅▅　▅▅	
妻財癸丑土	▅▅　▅▅	世
官鬼辛酉金	▅▅▅▅▅	
父母辛亥水	▅▅▅▅▅	
妻財辛丑土	▅▅　▅▅	應

注釋

①台閣：依漢制，為尚書台（省）的別稱。宋代稱台閣，是三省官與御史台官之別稱，秘書省、館閣官的略稱。

②外台：官名。後漢時刺史，為州郡的長官，置別駕、治中，諸曹掾屬，號為外台。

校勘記

㊀「升」，原本作「井」，疑誤，據其文意改作。

占官高卑及向何方赴任章第五

欲知善惡與卑高，卦看生旺定分毫，旺相名高官且貴，休囚位劣更徒勞。

鬼爻長生至帝旺者㈠，官職高。逢㈡衰病死墓絕者，官職卑。

一二三世㈢言咫尺，四五六世千里驛，

一二三世、歸魂，為近地；四五六世、八純、遊魂，為遠地。

問道任為何處官，鬼爻在乾西北客。

鬼爻在內象為近處，在坎北，艮東北，震東，巽東南，離南，坤西南，兌西。又法：以十二支為任官處，子北午南之類是也。

校勘記

㈠「者」，原本脫漏，據《新鍥斷易天機·占仕宦·卜筮元龜云·占官高卑及向何方赴任云》原文補入。

㈡「逢」，原本脫漏，據《新鍥斷易天機·占仕宦·卜筮元龜云·占官高卑及向何方赴任云》原文補入「逢」字。

㈢「世」，原本作「得」，疑誤，據《新鍥斷易天機·占仕宦·卜筮元龜云·占官高卑及向何方赴任云》原文改作。

占官得替否章第六

若無鬼爻官得替，亦復得去無留滯，

但月日上無鬼，官得替。外陽去疾㈠速，外陰去遲，去還有氣㈡，無氣不去。

子爻發動亦如之，財動必言依此計。

鬼爻持世不得替，或憂小口口舌。外卦陰，無氣不去；外卦旺相得去。子爻持世亦去㈢，《需》卦是也。

校勘記

㈠「外陽去疾」，原本作「外陽去疾病」，疑誤，據《新鍥斷易天機·占仕宦·卜筮元龜云·占官得替否云》原文改作。

㈡「去還有氣」，原本脫漏，據《新鍥斷易天機·占仕宦·卜筮元龜云·占官得替否云》原文補入。

㈢「去」，原本脫漏，據《新鍥斷易天機·占仕宦·卜筮元龜云·占官得替否云》原文補入。

占見任官得多少時章第七

子動剋官官位失，發財印亡憂祿秩，

子爻與太歲並剋官鬼，削爵。財與驛馬並剋父母者，追[一]解印綬。

欲知失位多少[二]時，退度在三三月日。

凡[三]卦得度者，如正月卜得二月卦。退度者，正月卜得十二月卦。但未來為進，以往為退。（占身命章內。）

月建退一度，一個月退。兩度，兩個月。假令三月占得正月卦，為退三度。占得四月卦，為進一度。餘皆效此。

校勘記

[一]「追」，原本脫漏，據《新鍥斷易天機•占仕宦•卜筮元龜云•占見任官得多少時云》原文補入。

[二]「少」，原本脫漏，據《新鍥斷易天機•占仕宦•卜筮元龜云•占見任官得多少時云》原文補入。

[三]「凡」，原本作「私」，疑誤，據其文意改作。

占居官有疾病否章第八

凡卦變為囚死鄉，居官身病至衰亡。卦與本宮及世應囚死者，居官憂病。若無氣帶殺入墓，憂死亡。無氣帶殺終有禍，更值空亡必有喪。鬼動若逢休廢地，此身退失終無位。居官職，鬼爻動必凶，鬼無氣降位。胎沒並之世自微，更加刑殺為衰耳。刑殺與卦並動，帶刑殺剋卦世凶。

占求官任所有無章第九

父母之爻為誥牒，任官之處是其財，父母爻為印，財爻為祿㊀。財落空亡無任所，空持誥牒意徘徊。假令甲辰旬，卜得乾宮卦，甲寅木為財。甲辰旬中無寅卯，名財落空亡，無食祿處。

父母被剋誥身破，財爻被破任官危，

任官處不定也。

歲月之剋須重說，日時㊁之剋可輕推。

假令太歲在亥，卜㊂得坤宮卦，以乙巳火為誥身，亥破巳重也，日時亥剋輕也。

注釋

①誥牒（gào dié）：帝王給臣子的任命文書和證件。

校勘記

㊀「祿」，原本作「綬」，疑誤，據其文意改作。

㊁「時」，原本作「財」，疑誤，據其後「日時亥剋」之意改作。

㊂「卜」，原本作「水」，疑誤，據《新鍥斷易天機•占仕宦•卜筮元龜云•占求官任所有無云》原文改作。

占居官安否章第十

本宮為吏應為民，主首監臨世是身。

父母為主首，月卦為己身。身得度為安，退度為失。月卦，如《乾》為㊀四月之類。

若有子爻來剋鬼，在位彷徨憂退位。

子孫爻動，日月上帶殺者，憂剋官也。

旺相相生六位安，居官無事吏民歡。

上下二象，世應相生，六爻安靜為大吉。

財動必憂亡失位，休囚墓殺細推看。

財爻動剋父母印綬，主退位也。

校勘記

㊀「為」，原本脫漏，據《新鍥斷易天機•占仕宦•卜筮元龜云•占居官安否云》原文補入。

謁見門

占謁見貴人章第一

貞悔相生吉是常，內外相淩凶且傷，

內外相生吉，內剋外半凶，全相生大吉。

世剋應云君主怒，更剋㊀鬼爻為不祥。

應與鬼及外卦為君㊁、為名。世剋應，或剋鬼，皆不悅。後㊂仿此。

悔剋貞云君主念，亦憂刑害於讒譖①，

終不及相生也。

貞剋悔為傷主心，俯仰唯須自卑欽。

應剋世云君主愛，內外相生吉為最，世應比和吉無凶，官鬼旺身樂無礙。

皆云世及應，卦與鬼，相生吉也。

注釋

①讒譖（chán zèn）：以讒言毀謗他人。

校勘記：

㈠「剋」，原本作「相」，疑誤，據其文意改作。

㈡「應與鬼及外卦為君」，原本作「應與鬼及卦，外卦為君」，疑誤，據其文意改作。

㈢「後」，原本脫漏，據《新鍥斷易天機•占趨謁•卜筮元龜云》原文補入。

占得見貴人否章第二

欲見貴人占月卦，卦裡有身相見也，

假令正月得《泰》卦：

甲寅木與身並，必與貴人平交也。

占㈠卦須看官鬼爻，官鬼生身尤益推。

卦若無身又無鬼，欲見臨行㈡必又止，卦中㈢官鬼落空亡，此則終須不勞擬。

終不得㈣見也。

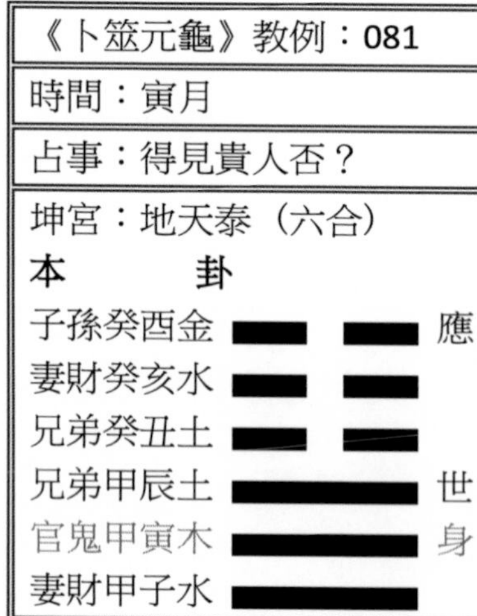

《卜筮元龜》教例：081

時間：寅月

占事：得見貴人否？

坤宮：地天泰（六合）

本　　卦

子孫癸酉金	▅▅　▅▅	應
妻財癸亥水	▅▅　▅▅	
兄弟癸丑土	▅▅　▅▅	
兄弟甲辰土	▅▅▅▅▅	世
官鬼甲寅木	▅▅▅▅▅	身
妻財甲子水	▅▅▅▅▅	

校勘記

㈠「占」，原本作「無」，疑誤，據《新鍥斷易天機・占趨謁・卜筮元龜云・占得見貴人否》原文改作。

㈡「行」，原本作「之」，疑誤，據《新鍥斷易天機・占趨謁・卜筮元龜云・占得見貴人否》原文改作。

㈢「中」，原本作「將」，疑誤，據《新鍥斷易天機・占趨謁・卜筮元龜云・占得見貴人否》原文改作。

㈣「得」，原本脫漏，據《新鍥斷易天機・占趨謁・卜筮元龜云・占得見貴人否》原文補入。

占見貴㈠人有喜怒相見否章第三

內陽外陰相見美，容貌如嗔心中喜，內為心，外為貌。陰主㈡不見，陽主見。陰主喜，陽主嗔。

陽爻動言出外游，陰爻動云居內裡。

外卦見陰內見陽，九五相乘求吉昌。

外陰主近得相見，外陽主㈢遠不相見。

內陰外陽不相見，雖見如嗔外作伴。

外陽內陰，見如不見，不相喜美。

校勘記

㈠「貴」，原本作「常」，疑誤，據其文意改作。

㈡㈢「主」，原本脫漏，據《新鍥斷易天機•占趨謁•卜筮元龜云•占見貴人有喜怒相見否云》原文補入。

占獻書章第四

旺相相生皆為敏，休廢不和終不允。不和不允，內外相剋是也㊀。若得一陰復一陽，上下相生亦相順。陰陽相生為順，《恒》、《泰》之類是也。陰陽相剋為逆，《未濟》之類是也。按經云：「上陰即逆不樂順」，《臨》《小過》之類是也。內外俱陽應生世，吉㊁慶無疑不須記㊂。

《卜筮元龜》教例：082

震宮：雷風恒

本　　卦		
妻財庚戌土	▅▅　▅▅	應
官鬼庚申金	▅▅　▅▅	
子孫庚午火	▅▅▅▅▅	
官鬼辛酉金	▅▅▅▅▅	世
父母辛亥水	▅▅▅▅▅	
妻財辛丑土	▅▅　▅▅	

《卜筮元龜》教例：083

坤宮：地天泰（六合）

本　　卦		
子孫癸酉金	▅▅　▅▅	應
妻財癸亥水	▅▅　▅▅	
兄弟癸丑土	▅▅　▅▅	
兄弟甲辰土	▅▅▅▅▅	世
官鬼甲寅木	▅▅▅▅▅	
妻財甲子水	▅▅▅▅▅	

《卜筮元龜》教例：084

離宮：火水未濟

本　　卦		
兄弟己巳火	▅▅▅▅▅	應
子孫己未土	▅▅　▅▅	
妻財己酉金	▅▅▅▅▅	
兄弟戊午火	▅▅　▅▅	世
子孫戊辰土	▅▅▅▅▅	
父母戊寅木	▅▅　▅▅	

《訟》、《需》之類是相生也。

父母爻為書信，父母化為鬼，欲求官職。父母化兄弟，欲進身求名財之事。但父母為吉神，並之則吉也。其餘仿此㊃。

《卜筮元龜》教例：085		
離宮：天水訟（遊魂）		
本　　卦		
子孫壬戌土	▅▅▅▅▅	
妻財壬申金	▅▅▅▅▅	
兄弟壬午火	▅▅▅▅▅	世
兄弟戊午火	▅▅　▅▅	
子孫戊辰土	▅▅▅▅▅	
父母戊寅木	▅▅　▅▅	應

《卜筮元龜》教例：086		
坤宮：水天需（遊魂）		
本　　卦		
妻財戊子水	▅▅　▅▅	
兄弟戊戌土	▅▅▅▅▅	
子孫戊申金	▅▅　▅▅	世
兄弟甲辰土	▅▅▅▅▅	
官鬼甲寅木	▅▅▅▅▅	
妻財甲子水	▅▅▅▅▅	應

純陰囚死刑殺並，相剋還將抱憂滯㊄。

純陰怒，純陽喜。純陰帶刑殺，更加無氣相剋大凶。書啟申事，申不得者是也。

外陽為聽陰不從，有氣相生無氣凶。

內為身，外為君。外陰但有氣，與內相生亦吉，假令夏卜，得《家人》卦是也。更須細詳之㊅。

純陽相生喜即聽，純陰相淩似詐聾。

純陽相生，有氣而喜。純陰無氣，相剋為怒。

校勘記

㈠「不和不允，內外相剋是也」，原本作「不和為內外不允，相剋是也」，疑誤，據《新鍥斷易天機·占趨謁·卜筮元龜云·占獻書云》原文改作。

㈡「吉」，原本作「喜」，疑誤，據《新鍥斷易天機·占趨謁·卜筮元龜云·占獻書云》原文改作。

㈢「記」，原本作「計」，疑誤，據《新鍥斷易天機·占趨謁·卜筮元龜云·占獻書云》原文改作。

㈣「但父母為吉神，並之則吉也。其餘仿此」，原本作「但父母為吉辰，並之吉。仿此」，疑誤，據《新鍥斷易天機·占趨謁·卜筮元龜云·占獻書云》原文改作。

㈤「純陰囚死刑殺並，相剋還將抱憂滯」，原本作「純陰俱囚死刑殺，並相剋還將抱滯」，疑誤，據《新鍥斷易天機·占趨謁·卜筮元龜云·占獻書云》原文綜合改作。

㈥「更須細詳之」，原本作「更細詳也」，疑誤，據《新鍥斷易天機·占趨謁·卜筮元龜云·占獻書云》原文改作。

占欲見人可出不可出章第五

陰興之時得陰卦，相見法宜小人也。
夏至後陰氣生㊀，卜得陰卦，是小人得其時。
陽生之後得陽卦，此則方宜士賢者。
冬至後陽氣生，卜得陽卦，是大人得其時也。得時即吉，失時即凶也。
陰卦遇陽㊁時滅沒，
君子不宜出㊂見小人也。
出則應被小人害。
陽卦遇陰弗順時，出亦難同君子愛㊃。
陰生之時，小人道長，卜得陽卦君子凶。陽生之時，君子道長，卜得陰卦小人亦凶之類㊄。

校勘記

㊀「夏至後陰氣生」，原本作「夏至後」，疑誤，據《新鍥斷易天機•占趨謁•卜筮元龜云•占欲見人可出不可出云》原文改作。
㊁「陽」，原本脫漏，據《新鍥斷易天機•占趨謁•卜筮元龜云•占欲見人可出不可出云》

原文補入。

㊂「出」，原本脱漏，據《新鍥斷易天機•占趨謁•卜筮元龜云•占欲見人可出不可出云》原文補入。

㊃「陽卦遇陰弗順時，出亦難同君子愛」，原本作「陰卦遇陽卦，住斯迷」，疑誤，據《新鍥斷易天機•占趨謁•卜筮元龜云•占欲見人可出不可出云》原文改作。

㊄「君子道長，卜得陰卦小人亦凶之類」，原本作「君子道長，卜得陽卦小人凶」，疑誤，據《新鍥斷易天機•占趨謁•卜筮元龜云•占欲見人可出不可出云》原文改作。

盜賊門

占失財章第一

財爻在內只在房㈠，鬼爻不動物未將。

卦俱旺相，鬼爻不動，其財雖失，無偷也。欲知生氣死氣，以本宮占之。假令艮宮卦，立春旺，春分廢㈡，立秋死㈢，物死也。

財爻化鬼人為盜，鬼爻是火在南方。

財化為鬼亦人偷，有《坎》化《需㈣》是也。

虎易按：原本「有《坎》化《井》是也」，《坎》三爻妻財戊午火動，化父母辛酉金，與「財化為鬼亦人偷」不符，此例選用失當。改作《坎》化《需》。《需》三爻妻財戊午火動，化官鬼甲辰土。

《卜筮元龜》教例：087					
時間：甲乙日					
占事：失財？					
坎宮：坎為水（六沖）				坤宮：水天需（遊魂）	
本　卦				**變　卦**	
兄弟戊子水	▅▅　▅▅	世		兄弟戊子水	▅▅　▅▅
官鬼戊戌土	▅▅▅▅▅			官鬼戊戌土	▅▅▅▅▅
父母戊申金	▅▅　▅▅			父母戊申金	▅▅　▅▅　世
妻財戊午火	▅▅　▅▅	應	╳→	官鬼甲辰土	▅▅▅▅▅
官鬼戊辰土	▅▅▅▅▅			子孫甲寅木	▅▅▅▅▅
子孫戊寅木	▅▅　▅▅		╳→	兄弟甲子水	▅▅▅▅▅　應

鬼爻內發近人偷，或是家中自盜留。

鬼與月建並，無人偷。鬼爻持世，亦無人偷。鬼與世相生，是親戚鬼賊。本宮鬼動，亦是親戚也。

鬼爻在外賊遠遊，若欲追求須早求。

鬼墓上，守逐必得也。

鬼爻在初由在內，三為閭裡①主在外，四是賊人至遠外，五六得之出外界㊄。

財爻，亦同此。

鬼爻是陽男子偷，若是陰爻女人藏，凡有子爻終是得，如無福德必難降。

雖有子爻，無氣亦捉不得。

另補：卜遺失，以玄武爻定也。如勾陳剋玄武易㊅覓，玄武剋勾陳難覓。若要定偷物人時，以玄武定也，看爻屬何物，定姓也，及三五合沖，四極、四刑、空亡，如前說。

又：玄武世上爻屬陽，是男子偷。世下爻屬陰，是女人取也。

注釋

①閭裡：鄉裡，泛指民間。

校勘記

㈠「房」，原本作「旁」，疑誤，據《新鍥斷易天機•占遺失•卜筮元龜云》原文改作。

㈡「廢」，原本作「相」，疑誤，據《推八節旺廢例》原文改作。

㈢「死」，原本作「囚」，疑誤，據《推八節旺廢例》原文改作。

㈣「需」，原本作「井」，疑誤，據其卦理及文意改作。

㈤「界」，原本作「鬼」，疑誤，據《新鍥斷易天機•占遺失•卜筮元龜云》原文改作。

㈥「易」，原本作「難」，疑誤，據其卦理及文意改作。

占賊徒前作何名色章第二

旺相鬼爻為吏人，青龍臨鬼又臨身。
青龍龍德臨鬼、臨身，何名色人，吏人也。
更云驛馬臨官並，休廢於人停歇人。
驛馬任①主有財，旺相主見任，休廢主停歇。
胎沒陰爻懷胎婦，子爻臨鬼出家人。
鬼爻在子，僧道之人為賊也。
囚即囚徒憂厄難，死是奴婢疾病人。
奴婢偷主物，亦是疾病人也。

注釋

①任（wáng）：快步急行。《說文解字》曰：遠行也。《字彙》曰：急行也。

占知賊男女姓名章第三

鬼爻是陽陽即男，鬼爻是陰陰即女，其取四象勝者焉，睹其形色相參舉。

四象者，上下爻體，兼內外四象也㈠。象㈡中有本宮鬼者，與日干相合為姓。

假令甲乙日，卜得純《艮》卦：

《卜筮元龜》教例：088

時間：甲乙日

占事：占男女、姓名？

艮宮：艮為山（六沖）

本	卦	
官鬼丙寅木	▅▅▅▅▅	世
妻財丙子水	▅▅　▅▅	
兄弟丙戌土	▅▅　▅▅	
子孫丙申金	▅▅▅▅▅	應
父母丙午火	▅▅　▅▅	
兄弟丙辰土	▅▅　▅▅	

上爻體見震，震屬木，鬼爻配日之甲乙，日亦屬木，木木相並，為林姓。如不帶鬼，即取鬼爻配日。它皆仿此例也。

虎易按：「四象者，上下爻體，兼內外四象也」。從其所附卦例看，應該是指主卦、互卦，上下卦之象。

以其卜日配其應，考其四象者誰勝，如無四象並鬼爻，姓字見焉可假證。日干配鬼，若不成姓，即以支干配鬼，若不成姓，即以納音配之。

校勘記

㈠「也」，原本脫漏，據《新鍥斷易天機•占趨謁•卜筮元龜云•占知賊男女姓名云》原文補入。

㈡「象」，原本脫漏，據《新鍥斷易天機•占趨謁•卜筮元龜云•占知賊男女姓名云》原文補入。

占賊藏物處章第四

火鬼南方人盜將，持物東行寅卯藏，

在寅卯方者，取象父母家也。如子就母象，子在母腹中，藏久不見也。餘仿此

埋在山間岩石下㈠，其餘諸卦準斯詳。

假令乾以火為鬼，火以木為母，丑寅㈡為艮，艮屬山也。

虎易按：「火以木為母」，是按「生為者為父母」的體例，以卦中木爻轉換為父母。「丑寅為艮」，指《艮》卦後天八卦方位為東北，地支配丑寅。

金鬼西方人盜去，將物東南辰巳貯，

言在巳者㈢，金鬼以土為母，土寄旺在丙㈣，在巳也。

若非竹木積為堆，即是叢林棲隱下。

斜㈤路在巽東南，或在叢林籬竹木林下。巽若無氣，即竹木堆下。

水鬼北方人所偷，持向西南申未頭，牛羊堆糞求不得，即向尿中窟裡搜。

斜路西南，或近生水池湖，或女家、寡女㈥家、母藏寄也。

土鬼四季人盜之，
辰戌丑未方是四季。
持向東行出向離，若不窯爐鐵冶處，須向庖廚①屋下窺。
庖廚屬火，故也。
木鬼東方人盜卻，物在天門戌亥角，藏㈦在高樓運轉家，往至尋之應捉著。
若非㈧井泉池湖之側，即西方功德寺㈨觀尋之。

注釋

①庖廚（páochú）：廚房，也指廚師。

校勘記

㈠「埋在山間岩石下」，原本作「埋在小間岩後下」，疑誤，據《新鍥斷易天機·占趨謁·卜筮元龜云·占賊藏物處云》原文改作。

㈡「丑寅」，原本作「寅卯」，疑誤，據其卦理改作。

㈢「者」，原本脫漏，據《新鍥斷易天機·占趨謁·卜筮元龜云·占賊藏物處云》原文補入。

㊃「丙」，原本作「西」，疑誤，據《新鍥斷易天機・占趨謁・卜筮元龜云・占賊藏物處云》原文改作。

㊄「斜」，原本作「邪」（古同「斜」），按現代用字方式改作。後文遇此字，均依此例改作，不另作校勘說明。

㊅「女」，原本脫漏，據《新鍥斷易天機・占趨謁・卜筮元龜云・占賊藏物處云》原文補入。

㊆「藏」，原本作「晨」，疑誤，據其文意改作。

㊇「若非」，原本作「若干比」，疑誤，據《新鍥斷易天機・占趨謁・卜筮元龜云・占賊藏物處云》原文改作。

㊈「寺」，原本作「等」，疑誤，據《新鍥斷易天機・占趨謁・卜筮元龜云・占賊藏物處云》原文改作。

占尋賊蹤問人章第五

外乾望門西北行，登陟高樓望野平，若逢乘馬放牧者，問即此人知姓名。

乾為馬，馬屬西北方，為斜路。若火在戌，合在老公家停止也。

外坤西南去甚遲，當有耕鋤人見之㊀，若遇驅牛放羊者，因斯問取的無疑。

坤是陰卦，故云遲，亦為斜路。若木為鬼，木墓在未，合近寡婦家止也。

外震東行去不安，隱在叢林社樹間，

震言不停不住，驚恐不息。若土水為鬼，土水死於卯，墓在辰，長男家停止，《豫》卦是也。

《卜筮元龜》教例：089		
震宮：雷地豫（六合）		
本　　卦		
妻財庚戌土	▅▅　▅▅	
官鬼庚申金	▅▅　▅▅	
子孫庚午火	▅▅▅▅▅	應
兄弟乙卯木	▅▅　▅▅	
子孫乙巳火	▅▅　▅▅	
妻財乙未土	▅▅　▅▅	世

虎易按：此處引「豫」卦為例不當。《豫》卦鬼雖在外卦，但為庚申金，並非為水土鬼，請讀者注意分辨。

隨車逐馬為奴僕，問㊁得其人意暫開。

震為正路，亦為車馬也。

外巽東行辰巳方，或是神林樹下止，但欲借問向何人，必遇婦人並女子。

巽為斜路，亦為神林。若水土為鬼，墓俱在辰。長女家停止。

外坎盜人正北㊂奔，渡江涉水入溝存，若見驅豬臨水者，必獲蹤由豈妄言。

非但驅豬水邊，亦在船舫中藏。

外離南行尋盜者，藏身隱在窯爐下，不是庖廚炊爨人，即近修持文藝者。

離為窯灶煅煉之處，木鬼死於午㊃，離為灶。旺相是文書字，讀書之處，或燒窯冶鑄。

無氣，是炊爨庖廚之人㊄。

外艮盜人東北尋，隱在深丘山野林，

深丘者，是在墓也。艮為丘墓，象山形，為土堆也。休廢為古墓，旺相為山林。

若遇獵人放鷹鷂，知其蹤跡可搜擒。

艮為斜路㊅，金為鬼，墓在丑，即射獵人家停止。

外兌西行群隊多，還經藪澤①渡江河，若非女子浣②衣絮，即是捕魚人見他。

水旺相為江河，無氣為坡湖。若火鬼在於酉，即少女家止。

注釋

①藪澤：水流彙聚的地方。

②浣（huàn）：洗。

校勘記

㊀「見之」，原本作「之知」，疑誤，據《新鍥斷易天機•占趨謁•卜筮元龜云•占尋賊蹤問人云》原文改作。

㊁「問」，原本作「門」，疑誤，據《新鍥斷易天機•占趨謁•卜筮元龜云•占尋賊蹤問人云》原文改作。

㊂「北」，原本作「坎」，疑誤，據《新鍥斷易天機•占趨謁•卜筮元龜云•占尋賊蹤問人云》原文改作。

㊃「木鬼死於午」，原本作「木鬼死午也」，疑誤，據《新鍥斷易天機•占趨謁•卜筮元龜云•占尋賊蹤問人云》原文改作。

㊄「是炊爨庖廚之人」，原本作「是以爨庖之人」，疑誤，據《新鍥斷易天機•占趨謁•卜筮元龜云•占尋賊蹤問人云》原文改作。

㊅「艮為斜路」，原本作「艮為路邪者」，疑誤，據《新鍥斷易天機•占趨謁•卜筮元龜云•占尋賊蹤問人云》原文改作。

占捉得賊否章第六

日為君長辰為吏，時剋賊人須好記，
干為日，支為辰，納音為時，此三辰有為卦子者，捉得賊人。先以內卦旺相剋外為上，若外卦旺相剋內，捉不得。
春分得《豫》卦及《小過》是也㊀。

《卜筮元龜》教例：090		
時間：春分		
占事：捉得賊否？		
震宮：雷地豫（六合）		
本　　卦		
妻財庚戌土	▅▅　▅▅	
官鬼庚申金	▅▅　▅▅	
子孫庚午火	▅▅▅▅▅	應
兄弟乙卯木	▅▅　▅▅	
子孫乙巳火	▅▅　▅▅	
妻財乙未土	▅▅　▅▅	世

《卜筮元龜》教例：091		
時間：春分		
占事：捉得賊否？		
兌宮：雷山小過（遊魂）		
本　　卦		
父母庚戌土	▅▅　▅▅	
兄弟庚申金	▅▅　▅▅	
官鬼庚午火	▅▅▅▅▅	世
兄弟丙申金	▅▅▅▅▅	
官鬼丙午火	▅▅　▅▅	
父母丙辰土	▅▅　▅▅	應

日辰剋賊稱心懷，賊剋日辰難遂意。
干剋鬼，貴人捉得。驛馬與支干並，官職捉得。

假令壬癸日，卜得《乾》卦也。

《乾》以火為賊人，壬癸為捉人。壬祿在亥，癸祿在子㈡，剋鬼，是貴人捉得。

虎易按：原本作「驛馬在癸」，與驛馬體例不符，按其文意，改作「癸祿在子」。

若庚申辛酉日，卜得《乾》卦：

名賊剋君長。鬼剋日辰，卻被賊傷，故云。

外裡財爻與殺並，不逐其賊而自至，

鬼與財並賊自敗，賊與殺並人自送來。財扶子孫，出家人送來。帶財驛馬，官職人送來。後㈢仿此。

休囚生內賊來降，外陽旺相難尋矣。

外陰無氣生內者，賊來降伏。外陽旺相剋內者，賊難捉。外陽無氣入墓者，雖是陽卦，亦是尋逐。皆仿此。

《卜筮元龜》教例：092		
時間：壬癸日		
占事：捉得賊否？		
乾宮：乾為天（六沖）		
本	**卦**	
父母壬戌土	▅▅▅▅▅	世
兄弟壬申金	▅▅▅▅▅	
官鬼壬午火	▅▅▅▅▅	
父母甲辰土	▅▅▅▅▅	應
妻財甲寅木	▅▅▅▅▅	
子孫甲子水	▅▅▅▅▅	

《卜筮元龜》教例：093		
時間：庚申辛酉日		
占事：捉得賊否？		
乾宮：乾為天（六沖）		
本	**卦**	
父母壬戌土	▅▅▅▅▅	世
兄弟壬申金	▅▅▅▅▅	
官鬼壬午火	▅▅▅▅▅	
父母甲辰土	▅▅▅▅▅	應
妻財甲寅木	▅▅▅▅▅	
子孫甲子水	▅▅▅▅▅	

校勘記

㊀「春分得《豫》卦及《小過》是也」，原本作「春分得《豫》及《小過》是」，疑誤，據《新鍥斷易天機·占趨謁·卜筮元龜云·占捉得賊否云》原文改作。

㊁「癸祿在子」，原本作「驛馬在癸」，疑誤，據其卦理及文意改作。

㊂「後」，原本脫漏，據《新鍥斷易天機·占趨謁·卜筮元龜云·占捉得賊否云》原文補入。

占辨飛伏其賊難易尋捉章第七

飛爻為身伏為賊，飛剋伏神㊀為捉得，世下為伏神，飛爻為世身。

假令乾宮一世《姤》：

初六辛丑土為飛，甲子水為伏，名飛剋伏也。

伏剋飛爻賊害身，飛伏相生亦難捉。

伏剋飛者，《旅》卦是也。

丙辰土為飛，己卯木為伏，木剋土，名伏剋飛。

《卜筮元龜》教例：094

乾宮：天風姤

伏神	本卦		
	父母壬戌土	▅▅▅▅▅	
	兄弟壬申金	▅▅▅▅▅	
	官鬼壬午火	▅▅▅▅▅	應
	兄弟辛酉金	▅▅▅▅▅	
	子孫辛亥水	▅▅▅▅▅	
子孫甲子水	父母辛丑土	▅▅　▅▅	世

《卜筮元龜》教例：095

離宮：火山旅

伏神	本卦		
	兄弟己巳火	▅▅▅▅▅	
	子孫己未土	▅▅　▅▅	
	妻財己酉金	▅▅▅▅▅	應
	妻財丙申金	▅▅▅▅▅	
	兄弟丙午火	▅▅　▅▅	
父母己卯木	子孫丙辰土	▅▅　▅▅	世

飛伏相生者，《睽》卦是也。在世飛爻己酉金，伏神丙戌土，金土相生，難尋捉。仿此也。

《卜筮元龜》教例：096			
	艮宮：火澤睽		
伏神	本卦		
	父母己巳火	▅▅▅	
	兄弟己未土	▅ ▅	
兄弟丙戌土	子孫己酉金	▅▅▅	世
	兄弟丁丑土	▅ ▅	
	官鬼丁卯木	▅▅▅	
	父母丁巳火	▅▅▅	應

校勘記

㈠「神」，原本作「辰」，疑誤，據《新鍥斷易天機•占趨謁•卜筮元龜云•占辨飛伏其賊難易尋捉云》原文及現代用字方式改作。後文遇此字，均依此例改作，不另作校勘說明。

占逃亡去處章第八

先定世為逃亡身，須看世下一爻神，

外為逃，內為亡，應為逃，世為亡。世應內外相生者，逃得遠矣。

一爻是水渡河去，一爻是木泛船人。

假令《恒》卦：

三世辛酉金，世下一爻辛亥水扶金，是渡河去。

世下土爻經陸計，若是火爻傍官勢，金爻行作乞托人，

占此依之無凝滯。

凡卦與世剋爻者，不行此路。爻若㊀剋卦世，亦懼不行。爻若㊁與世應相生，必行此路去㊂。

《卜筮元龜》教例：097		
震宮：雷風恒		
本　　卦		
妻財庚戌土	▅▅　▅▅	應
官鬼庚申金	▅▅　▅▅	
子孫庚午火	▅▅▅▅▅	
官鬼辛酉金	▅▅▅▅▅	世
父母辛亥水	▅▅▅▅▅	
妻財辛丑土	▅▅　▅▅	

校勘記

㊀㊁「若」，原本脫漏，據《新鍥斷易天機•占趨謁•卜筮元龜云•占逃亡去處云》原文補入。

㊂「去」，原本脫漏，據《新鍥斷易天機•占趨謁•卜筮元龜云•占逃亡去處云》原文補入。

怪異門

占怪夢章第一

欲得貞悔兩相親，鬼爻為怪不佼①身，龍蛇取其辰巳占，野獸當言寅卯陳。

親為相生也，如無相生，內剋外亦吉，世剋應亦然。

假令《坎》：

用戊辰土為怪，當言龍，亦云蛇。九五戊戌土為怪，當言狗，亦云貓㈠。如戊辰爻中見水，或云鼠㈡。

假令《兌》：

丁巳火為蛇怪，亦云鳥。

艮鬼寅，寅為虎㈢。坤鬼卯，卯為兔。

《卜筮元龜》教例：098		
占事：占怪夢？		
坎宮：坎為水（六沖）		
本　卦		
兄弟戊子水	▅▅　▅▅	世
官鬼戊戌土	▅▅▅▅▅	
父母戊申金	▅▅　▅▅	
妻財戊午火	▅▅　▅▅	應
官鬼戊辰土	▅▅▅▅▅	
子孫戊寅木	▅▅　▅▅	

《卜筮元龜》教例：099		
占事：占怪夢？		
兌宮：兌為澤（六沖）		
本　卦		
父母丁未土	▅▅　▅▅	世
兄弟丁酉金	▅▅▅▅▅	
子孫丁亥水	▅▅▅▅▅	
父母丁丑土	▅▅　▅▅	應
妻財丁卯木	▅▅▅▅▅	
官鬼丁巳火	▅▅▅▅▅	

艮㊃卦象屬山，山為野處。

夫易者，萬象咸備㊄。如巽云雉鳥，亦類為繩直、如蛇，何以辨之。巽在上，上跡空虛則飛鳥。巽在下，近地為蛇也。仿此。

若太歲與鬼並，天地為怪。太歲在爻下鬼並，罔兩②為怪。若是遊魂歸魂中怪，卦中有一身一人，兩身兩人見。如日月剋身，別人也。

鬼與殺並被傷損，空亡消破妖㊅除盡。

鬼與殺並，或破殺剋，或帶殺入墓，或被日月衝破及空亡㊆，其怪無也。

鬼動怪從何處見，若是東南必居巽。

《卜筮元龜》教例：100		
占事：占怪夢？		
艮宮：艮為山（六沖）		
本　　卦		
官鬼丙寅木	▅▅▅▅▅	世
妻財丙子水	▅▅　▅▅	
兄弟丙戌土	▅▅　▅▅	
子孫丙申金	▅▅▅▅▅	應
父母丙午火	▅▅　▅▅	
兄弟丙辰土	▅▅　▅▅	

《卜筮元龜》教例：101		
占事：占怪夢？		
坤宮：坤為地（六沖）		
本　　卦		
子孫癸酉金	▅▅　▅▅	世
妻財癸亥水	▅▅　▅▅	
兄弟癸丑土	▅▅　▅▅	
官鬼乙卯木	▅▅　▅▅	應
父母乙巳火	▅▅　▅▅	
兄弟乙未土	▅▅　▅▅	

鬼在巽，東南來。在坎，北方人，而鬼兩色。在二中庭，在三為門，四為戶向外。在初為堂內，在父母象衣服中也㊇。

怪夢本從何處出，但曉財爻是其實。

《鼎》之㊈《恒》卦之類是也。

財爻是土土生金，金鬼居之土中出。

《卜筮元龜》教例：102					
占事：占怪夢？					
離宮：火風鼎			震宮：雷風恒		
本　　卦			**變　　卦**		
兄弟己巳火	▅▅▅		○→ 子孫庚戌土	▅ ▅	應
子孫己未土	▅ ▅	應	妻財庚申金	▅ ▅	
妻財己酉金	▅▅▅		兄弟庚午火	▅▅▅	
妻財辛酉金	▅▅▅		妻財辛酉金	▅▅▅	世
官鬼辛亥水	▅▅▅	世	官鬼辛亥水	▅▅▅	
子孫辛丑土	▅ ▅		子孫辛丑土	▅ ▅	

假令《恒》之《解》卦㊉：

以辛丑財，變《坎》，寅剋為鬼。財爻從空而降。

虎易按：「財爻從空而降」，此句不知何意，提請讀者注意分辨。

又法：鬼爻是父母，堂內怪。鬼爻是妻財，廚內怪。

《卜筮元龜》教例：103				
占事：占怪夢？				
震宮：雷風恒			震宮：雷水解	
本　　卦			**變　　卦**	
妻財庚戌土	▅▅　▅▅ 應		妻財庚戌土	▅▅　▅▅
官鬼庚申金	▅▅　▅▅		官鬼庚申金	▅▅　▅▅ 應
子孫庚午火	▅▅▅▅▅		子孫庚午火	▅▅▅▅▅
官鬼辛酉金	▅▅▅▅▅ 世	○→	子孫戊午火	▅▅　▅▅
父母辛亥水	▅▅▅▅▅		妻財戊辰土	▅▅▅▅▅ 世
妻財辛丑土	▅▅　▅▅		兄弟戊寅木	▅▅　▅▅

注釋

①佼（jiǎo）：撓、擾。

②罔兩（wǎngliǎng）：亦作「魍魎」。山川中的木石精怪。

校勘記

㈠「亦云貓」，原本脫漏，據《新鍥斷易天機·占怪異·卜筮元龜云·占怪夢云》原文補入。

㈡「如戊辰爻中見水，或云鼠」，原本在「丁巳火為蛇怪，亦云鳥」後，疑誤，按內容歸類，編排在此處。

㊂「虎」，原本作「蛇」，疑誤，據《新鍥斷易天機・占怪異・卜筮元龜云・占怪夢云》原文改作。

㊃「艮」，原本作「兌」，疑誤，據其卦理及文意改作。

㊄「萬象咸備」，原本作「萬象只」，疑誤，據《新鍥斷易天機・占怪異・卜筮元龜云・占怪夢云》原文改作。

㊅「妖」，原本作「無」，疑誤，據《新鍥斷易天機・占怪異・卜筮元龜云・占怪夢云》原文改作。

㊆「或被日月衝破及空亡」，原本作「或被日月衝破」，疑誤，據《新鍥斷易天機・占怪異・卜筮元龜云・占怪夢云》原文改作。

㊇「也」，原本脫漏，據《新鍥斷易天機・占怪異・卜筮元龜云・占怪夢云》原文補入。

㊈「之」，原本脫漏，據其卦理及文意補入。

㊉「假令《恒》之《解》卦」，原本作「假令《恒》卦」，疑誤，據其卦理及文意改作。

占怪有何吉凶章第二

喪門扶鬼來剋世，必主凶殃難以㈠制。

假令十月、二月、六月，卜得《大過》卦：

丁未土為喪門，未破丑為弔客，俱剋世爻水。又外剋內，合㈡有疾也。

凡太歲下神㈢一年事，月下神一月事。世丁亥。

《卜筮元龜》教例：104	
時間：假令十月、二月、六月	
占事：占怪吉凶？	
震宮：澤風大過（遊魂）	
本　　卦	
妻財丁未土 ▅▅　▅▅	
官鬼丁酉金 ▅▅▅▅▅	
父母丁亥水 ▅▅▅▅▅	世
官鬼辛酉金 ▅▅▅▅▅	
父母辛亥水 ▅▅▅▅▅	
妻財辛丑土 ▅▅　▅▅	應

虎易按：「喪門扶鬼來剋世」，從其所附卦例看，此處之「扶」，應該是「生」的意思。

《新鍥斷易天機•占疾病•孫臏斷疾病歌》曰：喪門殺：鬼谷論殺例云：正月戌，二月未，三月辰，四月丑，只此四位輪十二月。

月令	喪門	吊客
正月	戌	辰
二月	未	丑
三月	辰	戌
四月	丑	未
五月	戌	辰
六月	未	丑
七月	辰	戌
八月	丑	未
九月	戌	辰
十月	未	丑
十一	辰	戌
十二	丑	未

朱雀扶官準此言㊃，官事殺刑憂大計。

朱雀火神，若扶鬼剋世，遭火或口舌。

內外相生世應比，皆為吉慶定無疑。剋悔終云無禍崇，傷貞應是有凶期。

外剋內有凶，內剋外無凶，內外相生喜。若卦退度，或鬼旺卦後，終無矣㊄。若進度卦㊅，鬼在卦前，終有之矣。

若知喜慶是何神，子爻剋鬼來扶身。

子爻扶父母，父母有喜。子爻㈦扶妻財，妻有喜。皆以月卦取子爻，日月上有亦吉。

虎易按：「子爻扶父母」，疑其有誤。按本書前面所述體例，「扶」即有「生」的意思，也有「被生」的意思。子爻是被父母爻所剋之爻，與前述體例不符，提醒讀者注意分辨。

子與青龍並吉慶，白虎憂是遠行人。

青龍有子來扶世，有官職酒食之事。白虎與子並持世者，行人至，或得消息。餘㈧仿此。

校勘記

㈠「以」，原本作「可」，疑誤，據《新鍥斷易天機・占怪異・卜筮元龜云・占怪有何吉凶云》原文改作。

㈡「合」，原本作「金」，疑誤，據《新鍥斷易天機・占怪異・卜筮元龜云・占怪有何吉凶云》原文改作。

㊂「神」，原本作「辰」，疑誤，據《新鍥斷易天機•占怪異•卜筮元龜云•占怪有何吉凶云》原文改作。

㊃「言」，原本脫漏，據《新鍥斷易天機•占怪異•卜筮元龜云•占怪有何吉凶云》原文補入。

㊄「終無矣」，原本作「無」，疑誤，據《新鍥斷易天機•占怪異•卜筮元龜云•占怪有何吉凶云》原文改作。

㊅「卦」，原本作「鬼」，疑誤，據《新鍥斷易天機•占怪異•卜筮元龜云•占怪有何吉凶云》原文改作。

㊆「爻」，原本脫漏，據《新鍥斷易天機•占怪異•卜筮元龜云•占怪有何吉凶云》原文補入。

㊇「余」，原本脫漏，據《新鍥斷易天機•占怪異•卜筮元龜云•占怪有何吉凶云》原文補入。

公訟門

出獄訟曆													
神殺＼月令	正	二	三	四	五	六	七	八	九	十	十一	十二	說明
日關吉	丑	丑	丑	辰	辰	辰	未	未	未	戌	戌	戌	有關無鑰吉
時鑰凶	巳	巳	巳	申	申	申	亥	亥	亥	寅	寅	寅	囚繫難出凶
陽殺凶	亥	寅	巳	申	亥	寅	巳	申	亥	寅	巳	申	男子牢獄事
天刑凶	辰	未	戌	丑	辰	未	戌	丑	辰	未	戌	丑	刑戮凶禍事
反激凶	未	未	未	辰	辰	辰	丑	丑	丑	戌	戌	戌	反戾不和事
天獄凶	亥	申	巳	寅	亥	申	巳	寅	亥	申	巳	寅	官中弃關事
地獄凶	戌	酉	申	未	午	巳	辰	卯	寅	丑	子	亥	主災厄大凶
月刑凶	巳	子	辰	申	午	丑	寅	酉	未	亥	卯	戌	憂官刑剋凶
天網吉	寅	亥	申	巳	寅	亥	申	巳	寅	亥	申	巳	逃亡歸家吉
網羅凶	亥	申	巳	寅	子	酉	午	卯	丑	戌	未	辰	有勾留之事
天喜吉	戌	亥	子	丑	寅	卯	辰	巳	午	未	申	酉	官事消散吉
天解吉	申	戌	子	寅	辰	午	申	戌	子	寅	辰	午	公訟解散吉
內解吉	申	申	酉	酉	戌	戌	亥	亥	辰	午	申	未	憂疑解釋吉
外解吉	子	巳	辰	申	子	巳	辰	申	子	巳	辰	申	災患消散吉

右出獄訟曆，凡卦中動爻及世爻，或月日上見者用之。

虎易按：據抄本內容，製成以上表格，以便對照。其中「月刑凶」四月，原對應為「寅」字，按三刑體例，改作「申」字。

占官事先兆章第一

何以知人有官事，刑害鬼生兼鬼墓。

卦世鬼並殺，臨鬼生，或當鬼墓，兩鬼粘身，官事難解。

假令坤卦亥臨身，日月時刑更生拒。

更相拒，謂日月時剋卦世也。辰酉午亥，四辰各有刑。

假令純《坤》：

十月卦之，能自刑，又當鬼生之爻，合有官事。

假令得《大壯》卦：

鬼與月卦並，名鬼粘身。

《卜筮元龜》教例：105		
時間：十月		
坤宮：坤為地（六沖）		
本　卦		
子孫癸酉金	▅▅　▅▅	世
妻財癸亥水	▅▅　▅▅	
兄弟癸丑土	▅▅　▅▅	
官鬼乙卯木	▅▅　▅▅	應
父母乙巳火	▅▅　▅▅	
兄弟乙未土	▅▅　▅▅	

《卜筮元龜》教例：106		
坤宮：雷天大壯（六沖）		
本　卦		
兄弟庚戌土	▅▅　▅▅	
子孫庚申金	▅▅　▅▅	
父母庚午火	▅▅▅▅▅	世
兄弟甲辰土	▅▅▅▅▅	
官鬼甲寅木	▅▅▅▅▅	
妻財甲子水	▅▅▅▅▅	應

假令得《解》卦：

卦當鬼墓。

假令六月占得十二月卦，名當三刑，又臨衝破。假令十一月卜得六月卦，名當六害。如此之卦，有官事難散。

凡鬼與歲並，官事繫㊀赦。鬼與月並，官事繫府縣。鬼與生墓於財，因財物事。生墓於父母，為屋宇文字事。效此是。

虎易按：「卦當鬼墓」，指《解》卦月卦為丑，丑為官鬼庚申金之墓。「官事繫敕」，指官事涉及到帝王敕令。

《卜筮元龜》教例：107		
震宮：雷水解		
本　　卦		
妻財庚戌土	▅▅　▅▅	
官鬼庚申金	▅▅　▅▅	應
子孫庚午火	▅▅▅▅▅	
子孫戊午火	▅▅　▅▅	
妻財戊辰土	▅▅▅▅▅	世
兄弟戊寅木	▅▅　▅▅	

法遭刑獄事非虛，更遇殺並同語話。

假令卜得《臨》《泰》之類是。

《臨》卦鬼爻持世，《泰》卦殺並。仿此是也。

虎易按：「《泰》卦殺並」，指《泰》卦月卦為寅，與二爻甲寅鬼並。

《卜筮元龜》教例：108		
坤宮：地澤臨		
本　　卦		
子孫癸酉金	▅▅　▅▅	
妻財癸亥水	▅▅　▅▅	應
兄弟癸丑土	▅▅　▅▅	
兄弟丁丑土	▅▅　▅▅	
官鬼丁卯木	▅▅▅▅▅	世
父母丁巳火	▅▅▅▅▅	

《卜筮元龜》教例：109		
坤宮：地天泰（六合）		
本　　卦		
子孫癸酉金	▅▅　▅▅	應
妻財癸亥水	▅▅　▅▅	
兄弟癸丑土	▅▅　▅▅	
兄弟甲辰土	▅▅▅▅▅	世
官鬼甲寅木	▅▅▅▅▅	
妻財甲子水	▅▅▅▅▅	

刑殺鬼並必見考①，六害剋身依此道。

月六害、大殺、殺陰，更三刑，伏爻剋飛爻者，必被考也。

刑殺有氣重無輕，無氣重來輕且好。

假令正月，大殺在戌是土，寅上無氣。假令二月，大殺在巳，大殺有氣。正月刑在巳，火長生於寅，名帶刑與殺並。若二月刑子，子屬水，二月水死，名刑殺陰並，即無氣。仿此是也。

爻帶刑殺入墓中，極刑必死活難逢，刑爻在巳刑申世，必是巳時巳月凶。

假令正月卜得《漸》卦：

丙申金是世，正月刑巳，在九五辛巳火，動來刑申。世是金，墓在丑，名帶殺入墓，大凶也。其他仿此。

虎易按：「世是金，墓在丑」，指世爻丙申金，處於內艮卦，艮宮為東北方位，含丑、寅兩地支，丑為金之墓。

《卜筮元龜》教例：110		
時間：正月		
艮宮：風山漸（歸魂）		
本　　卦		
官鬼辛卯木	▅▅▅▅▅	應
父母辛巳火	▅▅▅▅▅	
兄弟辛未土	▅▅　▅▅	
子孫丙申金	▅▅▅▅▅	世
父母丙午火	▅▅　▅▅	
兄弟丙辰土	▅▅　▅▅	

注釋

①考：假借為「拷」。

校勘記

㊀「繫」，原本作「計」，疑誤，據其文意改作。

占訴訟何人前後章第二

外剋內卦身先訟，內身剋外被他論，上下比和不相害，則占世爻與應陳。

外剋內，他觸己，己即論他。內剋外，己觸他，他訟己。世應內外相生俱是。

陽鬼空亡身不訟，陰鬼休囚彼不論，二鬼比和各休廢，從此消散兩家分。

散不成訟也。

占訴訟姻田財物同章第三

訴訟爭財卜得泰，寅午戌兮劫殺亥，

《泰》卦：

以甲寅木為鬼，以癸亥水為財。寅午戌劫殺在亥，是奪他財。正月卜得此卦亦然。此卦雖奪有理，為㊀內外及世應相生，故也。

《卜筮元龜》教例：111		
坤宮：地天泰（六合）		
本　　卦		
子孫癸酉金	▅▅　▅▅	應
妻財癸亥水	▅▅　▅▅	
兄弟癸丑土	▅▅　▅▅	
兄弟甲辰土	▅▅▅▅▅	世
官鬼甲寅木	▅▅▅▅▅	
妻財甲子水	▅▅▅▅▅	

假令《同人》卦：

世爻己亥水，以壬申金為財，亥卯未劫殺在㊁申，強奪無理也。

但言欲奪占其身，細想六爻看劫會。

卦劫子孫，論奪人口。卦劫父母，論奪屋宅。卦劫妻㊂財，奪他產業。卦劫官㊃鬼，奪他職位。若鬼動，終是相奪。如月卦是寅午戌，則亥為劫，又看亥為本㊄卦何屬者㊅焉。

《卜筮元龜》教例：112		
離宮：天火同人（歸魂）		
本　　卦		
子孫壬戌土	▅▅▅▅▅	應
妻財壬申金	▅▅▅▅▅	
兄弟壬午火	▅▅▅▅▅	
官鬼己亥水	▅▅▅▅▅	世
子孫己丑土	▅▅　▅▅	
父母己卯木	▅▅▅▅▅	

校勘記

㊀「為」，據《新鍥斷易天機•占詞訟•卜筮元龜云•占訴訟姻田財物同云》原文補入。

㊁「在」，原本脫漏，據《新鍥斷易天機•占詞訟•卜筮元龜云•占訴訟姻田財物同云》原文補入。

㊂「妻」，原本脫漏，據《新鍥斷易天機•占詞訟•卜筮元龜云•占訴訟姻田財物同云》原文補入。

㊃「官」，原本脫漏，據《新鍥斷易天機•占詞訟•卜筮元龜云•占訴訟姻田財物同云》原文補入。

㊄「本」，原本作「水」，疑誤，據其文意改作。

㊅「者」，原本脫漏，據《新鍥斷易天機•占詞訟•卜筮元龜云•占訴訟姻田財物同云》原文補入。

占訴訟㊀爭財得財否章第四

卦中無財浪言述，財化為官徒費筆，

官者，鬼也。

得遯直須拋卻休，遇復報云終不失。

《復》卦：

相剋，不可訴。雖無理，終得財。與卦並，又持世，得也。

虎易按：「相剋」，指內外卦相剋。「與卦並」，指世爻庚子，與月卦子並。

《卜筮元龜》教例：113		
坤宮：地雷復（六合）		
本　　卦		
子孫癸酉金	▅▅ ▅▅	
妻財癸亥水	▅▅ ▅▅	
兄弟癸丑土	▅▅ ▅▅	應
兄弟庚辰土	▅▅ ▅▅	
官鬼庚寅木	▅▅ ▅▅	
妻財庚子水	▅▅▅▅▅	世

《遯》卦：

雖相生，有理，終無財。他仿此。

校勘記

㈠「訟」，原本作「詔」，疑誤，據《新鍥斷易天機・占詞訟・卜筮元龜云・占訴訟爭財得財否云》原文改作。後文遇此字，均依此例改作，不另作校勘說明。

《卜筮元龜》教例：114			
	乾宮：天山遯		
伏神	本　　卦		
	父母壬戌土	▅▅▅▅▅	
	兄弟壬申金	▅▅▅▅▅	應
	官鬼壬午火	▅▅▅▅▅	
	兄弟丙申金	▅▅▅▅▅	
妻財甲寅木	官鬼丙午火	▅▅　▅▅	世
	父母丙辰土	▅▅　▅▅	

占訴訟財是何色目財章第五

欲知財是他人物，本宮財是外宮出，

假令《乾》：

甲寅木，本宮財。化為《剝》卦，外宮財終出，丙寅木是外宮財也。他仿此㊀。

財當本位若非公，忽是私財終有失。

《剝》上九丙寅㊁，丙寅木上鬼生故。

虎易按：「丙寅木上鬼生故」，指世爻所化妻財丙寅木，生官鬼午火，寅也是午之長生之地。另外，妻財丙寅木，剋世爻壬戌土，據「剋我者為官鬼」體例，轉換六親後，就成為剋世爻的官鬼。

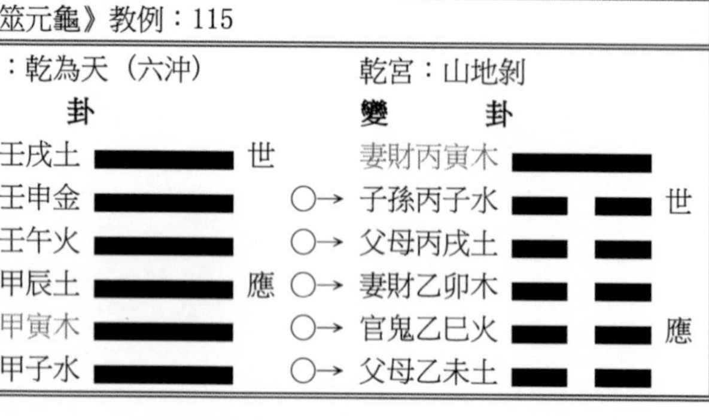

《卜筮元龜》教例：115

乾宮：乾為天（六沖）				乾宮：山地剝		
本　　卦				**變　　卦**		
父母壬戌土	▅▅▅	世		妻財丙寅木	▅▅▅	
兄弟壬申金	▅▅▅		○→	子孫丙子水	▅ ▅	世
官鬼壬午火	▅▅▅		○→	父母丙戌土	▅ ▅	
父母甲辰土	▅▅▅	應	○→	妻財乙卯木	▅ ▅	
妻財甲寅木	▅▅▅		○→	官鬼乙巳火	▅ ▅	應
子孫甲子水	▅▅▅		○→	父母乙未土	▅ ▅	

校勘記

㊀「他仿此」，原本作「仿此是也」，疑誤，據《新鍥斷易天機•占詞訟•卜筮元龜云•占訴訟爭財得財否云》原文改作。

㊁「《剝》上九丙寅」，原本在「仿此是也」後，疑誤，按內容歸類，編排在此處。

占論訟有理否章第六

內外相生世應和，皆為得理更無過。

《臨》《泰》之類是相生。

陽鬼論他，陰鬼被訟也。

相剋被嗔兼被責，參差即被下遭磨。

相剋失理，相生得理。先求其象，一陰一陽，須視其相生。

其間有理而無財，《咸》卦是。

無理無財而有罪，《升》卦是。

《卜筮元龜》教例：116

坤宮：地澤臨

本	卦	
子孫癸酉金	▅▅　▅▅	
妻財癸亥水	▅▅　▅▅	應
兄弟癸丑土	▅▅　▅▅	
兄弟丁丑土	▅▅　▅▅	
官鬼丁卯木	▅▅▅▅▅	世
父母丁巳火	▅▅▅▅▅	

《卜筮元龜》教例：117

坤宮：地天泰（六合）

本	卦	
子孫癸酉金	▅▅　▅▅	應
妻財癸亥水	▅▅　▅▅	
兄弟癸丑土	▅▅　▅▅	
兄弟甲辰土	▅▅▅▅▅	世
官鬼甲寅木	▅▅▅▅▅	
妻財甲子水	▅▅▅▅▅	

《卜筮元龜》教例：118

兌宮：澤山咸

本	卦	
父母丁未土	▅▅　▅▅	應
兄弟丁酉金	▅▅▅▅▅	
子孫丁亥水	▅▅▅▅▅	
兄弟丙申金	▅▅▅▅▅	世
官鬼丙午火	▅▅　▅▅	
父母丙辰土	▅▅　▅▅	

《卜筮元龜》教例：119

震宮：地風升

本	卦	
官鬼癸酉金	▅▅　▅▅	
父母癸亥水	▅▅　▅▅	
妻財癸丑土	▅▅　▅▅	世
官鬼辛酉金	▅▅▅▅▅	
父母辛亥水	▅▅▅▅▅	
妻財辛丑土	▅▅　▅▅	應

有理有財而有罪者，

《泰》與《豐》是。

無理無財而無罪者，《中孚》卦是也，《中孚》無子爻㊀也。

《臨》卦，故知無罪。《泰》《豐》卦有罪，是鬼臨卦也，故知有罪。他皆仿此也。

《卜筮元龜》教例：120		
坤宮：地天泰（六合）		
本　　卦		
子孫癸酉金	▅▅　▅▅	應
妻財癸亥水	▅▅　▅▅	
兄弟癸丑土	▅▅　▅▅	
兄弟甲辰土	▅▅▅▅▅	世
官鬼甲寅木	▅▅▅▅▅	
妻財甲子水	▅▅▅▅▅	

《卜筮元龜》教例：121		
坎宮：雷火豐		
本　　卦		
官鬼庚戌土	▅▅　▅▅	
父母庚申金	▅▅　▅▅	世
妻財庚午火	▅▅▅▅▅	
兄弟己亥水	▅▅▅▅▅	
官鬼己丑土	▅▅　▅▅	應
子孫己卯木	▅▅▅▅▅	

《卜筮元龜》教例：122		
艮宮：風澤中孚（遊魂）		
本　　卦		
官鬼辛卯木	▅▅▅▅▅	
父母辛巳火	▅▅▅▅▅	
兄弟辛未土	▅▅　▅▅	世
兄弟丁丑土	▅▅　▅▅	
官鬼丁卯木	▅▅▅▅▅	
父母丁巳火	▅▅▅▅▅	應

虎易按：以上內容，論述混亂不清，讀者可參考。

內外相生世應剋，理得半之全不得。

爭財合分，假令《賁》與《節》。

是內外相生㈡，世應相剋。仿此。

貞悔世應兩比和，道理平平必無惑。

假令純《乾》、《震》、《兌》，三卦是矣。

《卜筮元龜》教例：123		
艮宮：山火賁（六合）		
本　卦		
官鬼丙寅木	⚊	
妻財丙子水	⚋	
兄弟丙戌土	⚋	應
妻財己亥水	⚊	
兄弟己丑土	⚋	
官鬼己卯木	⚊	世

《卜筮元龜》教例：124		
坎宮：水澤節（六合）		
本　卦		
兄弟戊子水	⚋	
官鬼戊戌土	⚊	
父母戊申金	⚋	應
官鬼丁丑土	⚋	
子孫丁卯木	⚊	
妻財丁巳火	⚊	世

校勘記

㈠「爻」，原本作「是」，疑誤，據《新鍥斷易天機・占詞訟・卜筮元龜云・占論訟有理否云》原文改作。

㈡「是內外相生」，原本作「是世應內外相生」，疑誤，據其文意改作。

占訴訟曆幾司章第七

卦涉兩司有兩鬼，三爻為官二為吏。

兩司兩鬼，不然，舊事每動。若年月日時上帶鬼，亦過數司。三爻陽位為官，二爻陰位為吏。二爻為縣，三爻為州府，四爻為監司，五爻為台部㊀。有爻帶鬼，繫此處也。仿此。

欲知官吏必為人，福德長生墓爻是。

子在官爻上長生，或當生墓者，吏。官吏者，有人情。當鬼生，鬼正墓者，即為祟。仿此也。

卦裡關連有幾人，鬼爻二五位言陳。

假令《大過》卦：

鬼在三，三人。鬼在五，五人。仿此。見下爻有空亡，必有人，必未出。無氣者憂病，被殺入墓象者憂死。仿此。

校勘記

㊀「二爻為縣，三爻為州府，四爻為監司，五爻為台部」，原本作「四爻為縣，五爻為府，上為台者」，疑誤，據「鬼谷辨爻法」改作。

《卜筮元龜》教例：125		
震宮：澤風大過（遊魂）		
本　　卦		
妻財丁未土	▅▅　▅▅	
官鬼丁酉金	▅▅▅▅▅	
父母丁亥水	▅▅▅▅▅	世
官鬼辛酉金	▅▅▅▅▅	
父母辛亥水	▅▅▅▅▅	
妻財辛丑土	▅▅　▅▅	應

占解刑法章第八

卦有刑來解判者，木刑金破財是也。

假令二月得《節》之《隨》卦㊀：

九二丁卯木動，名虎來刑子。雖卯刑子，帶福德尤吉。六四戊申金動，剋丁卯木，名解木刑。日上見金制卯者，名解也。餘㊁仿此。

虎易按：原本作「假令二月得《節》卦」，據後文「九二丁卯木動」、「六四戊申金動」，改作《節》之《隨》卦。

「九二丁卯木動，名虎來刑子」，《節》為子月卦，指卦中卯木動化寅木，寅屬虎，來刑月卦子，所以稱為「名虎來刑子」。

「六四戊申金動，剋丁卯木，名解木刑」，指申金動剋制動爻卯木，解除了卯木對子水之刑，所以稱為「名解木刑」。

《卜筮元龜》教例：126

時間：二月

坎宮：水澤節（六合）				震宮：澤雷隨（歸魂）		
本　　卦				**變　　卦**		
兄弟戊子水	▅▅ ▅▅			官鬼丁未土	▅▅ ▅▅	應
官鬼戊戌土	▅▅▅▅▅			父母丁酉金	▅▅▅▅▅	
父母戊申金	▅▅ ▅▅	應	╳→	兄弟丁亥水	▅▅▅▅▅	
官鬼丁丑土	▅▅ ▅▅			官鬼庚辰土	▅▅ ▅▅	世
子孫丁卯木	▅▅▅▅▅		○→	子孫庚寅木	▅▅ ▅▅	
妻財丁巳火	▅▅▅▅▅	世		兄弟庚子水	▅▅▅▅▅	

雖然金動日辰沖，此亦還同未蒙解。
若寅日或正月卜得《艮》卦㊂，
此破在申，又帶絕氣，大寅亦同一解也。

虎易按：「此破在申，又帶絕氣」，正月申金休囚無氣，臨寅日為日破，申又絕於寅日。「大寅亦同一解也」，指正月的月令為「寅」，月比日大，故稱「大寅」。申逢正月為月破，與臨寅日一樣為破，所以稱為「大寅亦同一解也」。

《卜筮元龜》教例：127		
時間：寅日或正月		
艮宮：艮為山（六沖）		
本　　　卦		
官鬼丙寅木	▅▅▅▅▅	世
妻財丙子水	▅▅　▅▅	
兄弟丙戌土	▅▅　▅▅	
子孫丙申金	▅▅▅▅▅	應
父母丙午火	▅▅　▅▅	
兄弟丙辰土	▅▅　▅▅	

校勘記

㊀「《節》之《隨》卦」，原本作「《節》卦」，疑誤，據其文意改作。
㊁「余」，原本脫漏，據《新鍥斷易天機•占詞訟•卜筮元龜云•占解刑法云》原文補入。
㊂「卦」，原本脫漏，據《新鍥斷易天機•占詞訟•卜筮元龜云•占解刑法云》原文補入。

占宜遣何官職人解之章第九

大刑月建並來剋，宜使其人用氣力，

大刑者，虎刑也。假令六月亥為虎刑，屬水，遇在辰戌丑未日㊀，或土命人，土剋水，故也。他仿此㊁。大刑正月起辰，逆行十二宮。

虎易按：《京氏易傳》曰：「虎刑五月午，在《離》卦，右行」。本書「假令六月亥為虎刑」，與《京氏易傳》所稱「虎刑」不符，且「大刑」之說，無其他資料可考，故存此說。

太歲爻驚剋大刑，恩赦必來為救矣。

太歲剋虎刑，赦書救。月建剋，諸侯救。時剋，令長救。大殺剋虎殺，監司救之。

校勘記

㊀「日」，原本作「月」，疑誤，據其文意改作。

㊁「他仿此」，原本作「效此」，疑誤，據《新鍥斷易天機•占詞訟•卜筮元龜云•占宜遣何官職人解之云》原文改作。

占禁繫章第十

何以知人憂禁繫，得剝遯蒙皆為㈠例，蠱旅見時為獄中，六害日期為禁制。

《艮》象為獄門，《旅》卦《遯》《蒙》《剝》之類是也。有此象，而㈡以六害為準則。

假令見《坎》：

六害在未。

見《艮》：

六害在巳㈢日入也。仿此。

虎易按：「假令見《坎》：六害在未」，指未與世爻子相害。「見《艮》：六害在巳日入也」，指巳與世爻寅相害。

《卜筮元龜》教例：128	
坎宮：坎為水（六沖）	
本　　卦	
兄弟戊子水 ▅▅　▅▅	世
官鬼戊戌土 ▅▅▅▅▅	
父母戊申金 ▅▅　▅▅	
妻財戊午火 ▅▅　▅▅	應
官鬼戊辰土 ▅▅▅▅▅	
子孫戊寅木 ▅▅　▅▅	

《卜筮元龜》教例：129	
艮宮：艮為山（六沖）	
本　　卦	
官鬼丙寅木 ▅▅▅▅▅	世
妻財丙子水 ▅▅　▅▅	
兄弟丙戌土 ▅▅　▅▅	
子孫丙申金 ▅▅▅▅▅	應
父母丙午火 ▅▅　▅▅	
兄弟丙辰土 ▅▅　▅▅	

酉日卜云世戌來，卜者身憂入獄災，

假令酉日卜得《頤》卦；

酉害戌，即酉日入也。

酉爻發動皆如此，卦臨酉戌亦還該。

八月得九月卦，酉日入。九月得八月卦，戌日入。

害者：子害未，丑害午，寅害巳，卯害辰，申害亥，酉害戌。其他必仿此推也㊃。

《卜筮元龜》教例：130		
時間：酉日		
巽宮：山雷頤（遊魂）		
本　　卦		
兄弟丙寅木	▅▅▅▅▅	
父母丙子水	▅▅　▅▅	
妻財丙戌土	▅▅　▅▅	世
妻財庚辰土	▅▅　▅▅	
兄弟庚寅木	▅▅　▅▅	
父母庚子水	▅▅▅▅▅	應

校勘記

㊀「為」，原本脫漏，據《新鍥斷易天機・占詞訟・卜筮元龜云・占禁繫云》原文補入。

㊁「而」，原本脫漏，據《新鍥斷易天機・占詞訟・卜筮元龜云・占禁繫云》原文補入。

㊂「巳」，原本作「午」，疑誤，據六害體例改作。

㊃「其他必仿此推也」，原本作「他皆效此也」，疑誤，據《新鍥斷易天機・占詞訟・卜筮元龜云・占禁繫云》原文改作。

占公事出日章第十一

欲知禁者言出時，卦生之日以為期，假令卦爻火為世，火位長生寅上推。

假令火爻持世，火長生在寅，故知是正月或寅日出也。先看鬼被日辰剋，日辰剋之出未得，

以干為日，支為辰。假令戊辰土為日辰，卜得純《離》卦；

《卜筮元龜》教例：131		
時間：戊辰日		
離宮：離為火（六沖）		
本　　卦		
兄弟己巳火	▅▅▅▅▅	世
子孫己未土	▅▅　▅▅	
妻財己酉金	▅▅▅▅▅	
官鬼己亥水	▅▅▅▅▅	應
子孫己丑土	▅▅　▅▅	
父母己卯木	▅▅▅▅▅	

以水為鬼，日辰支干俱帶土，剋水，故知未出也。

日辰扶鬼為出期，鬼剋日辰出無疑。

假令甲寅乙卯日，卜得離宮卦，是日辰扶鬼。

《卜筮元龜》教例：132		
時間：甲寅乙卯日		
離宮：離為火（六沖）		
本　　卦		
兄弟己巳火	▅▅▅▅▅	世
子孫己未土	▅▅　▅▅	
妻財己酉金	▅▅▅▅▅	
官鬼己亥水	▅▅▅▅▅	應
子孫己丑土	▅▅　▅▅	
父母己卯木	▅▅▅▅▅	

庚申辛酉日，卜得乾宮卦，是鬼剋日辰也。

《卜筮元龜》教例：133		
時間：庚申辛酉日		
乾宮：乾為天（六沖）		
本　　卦		
父母壬戌土	▅▅▅▅▅	世
兄弟壬申金	▅▅▅▅▅	
官鬼壬午火	▅▅▅▅▅	
父母甲辰土	▅▅▅▅▅	應
妻財甲寅木	▅▅▅▅▅	
子孫甲子水	▅▅▅▅▅	

占禁繫見關鑰章第十二

旺卦為關相為鑰，春分震旺巽為相，八卦還依八節推，繫者破關重被縛。

八節，即立春艮旺震相，後仿此㈠。立春丑旺寅相，春分寅旺卯相，立夏巳旺午相，夏至午旺未相。鬼爻動，遭之繫禁准。他皆仿此。

鑰即為匙關為鎖，匙居鑰上因㈡內坐，鑰居關上即為關，更遇日辰衝破散。

假令春分酉日，卜得《恒》卦：

外震春分為關，酉日破在震，名關鑰破。他皆仿此。雖關鑰旺，但遇酉，終不久禁也。

校勘記

㈠「八節，即立春艮旺震相，後仿此」，原本作「八卦，即立春艮旺震旺，效此」，疑誤，據《新鍥斷易天機・占詞訟・卜筮元龜云・占禁繫見關鑰云》原文改作。

㈡「因」，原本作「內」，疑誤，據《新鍥斷易天機・占詞訟・卜筮元龜云・占禁繫見關鑰云》原文改作。

《卜筮元龜》教例：134		
時間：春分　酉日		
震宮：雷風恒		
本　　卦		
妻財庚戌土	▅▅　▅▅	應
官鬼庚申金	▅▅　▅▅	
子孫庚午火	▅▅▅▅▅	
官鬼辛酉金	▅▅▅▅▅	世
父母辛亥水	▅▅▅▅▅	
妻財辛丑土	▅▅　▅▅	

疾病門

占疾病章第一

占病先看宅衰旺㊀，

第二㊁爻為宅，又㊂內卦為宅。

次看六神吉凶象，

青龍動臨鬼上，病主禍出家堂先亡，兄弟如臨宅爻則吉。龍入火爻，孕婦傷胎，入水病生㊃。

朱雀動臨鬼上，病出傷亡、道神為禍㊄。

勾陳動臨鬼，犯近宅古墓，犯家先，主病重。入土重，入火婦女災，入金憂白服，入水口瘡。

騰蛇動臨鬼，神佛上有舊願未還，家先有願，異物為㊅怪。

白虎動臨鬼，主喪門弔客，山林碓石。白虎殺入火凶，入水可救。

玄武㊆動臨鬼，神佛上有願，犯家先亡、土地。入土疾病，入木孕婦災㊇。

凡鬼更看值何爻。子北方，丑寅東北方，卯東方，辰巳東南方，午南方，未申西南方，酉西方，戌亥西北方。

金爻為鬼，犯傷亡鬼，第五爻鬼屬金，佛上有幡花功德之願。

木爻為鬼，犯外道、傷亡、自縊之鬼。

水爻為鬼，犯江河水傷之神。

火爻為鬼，犯南方旺神。

土爻為鬼，犯土地或神佛。有土木之厭①，教謝之則吉。

更看本屬爻有無，

本屬者，占父母，要有父母爻。不落空亡，不臨凶殺，不臨白虎，更㊈並凶則凶，並吉則吉。妻財兄弟子孫，並從此推。官鬼落空亡無氣者㊉，則為吉卦也。

諸殺動臨身世上。

諸凶殺圖，用見後。

另補：占病忌見白虎，並旺相有氣。占病所主，乾為父，頭、目。坤為母，心、腹。艮為少男，胸、膈。震為長男，手、足。坎為中男，背、耳、腎。離為中女，眼。巽為長女，腰、胯、風。兌為少女，口、齒。

占父母，無父母爻凶也。占妻，無妻財爻凶也。占子孫，無子孫爻凶也。落空亡亦凶也。

注釋

①土木之厭：以迷信的方法，以土木之厭，致災禍於人。

校勘記

㈠「占病先看宅衰旺」，原本作「占疾先看宅衰」，疑誤，據《新鍥斷易天機•占疾病•卜筮元龜云》原文改作。

㈡「二」，原本作「三」，疑誤，據《火珠林•陽宅》「內卦二爻為宅」原文改作。

㈢「又」，原本脫漏，據《新鍥斷易天機•占疾病•卜筮元龜云》原文補入。

㈣「龍入火爻，孕婦傷胎，入水病生」，原本在「朱雀動臨鬼上，病出傷亡、道謝」後，據其文意及內容歸類，改作在此處。

㈤「道神為禍」，原本作「道謝」，疑誤，據《新鍥斷易天機•占疾病•卜筮元龜云》原文改作。

㈥「為」，原本脫漏，據《新鍥斷易天機•占疾病•卜筮元龜云》原文補入。

㈦「武」，原本脫漏，據《新鍥斷易天機•占疾病•卜筮元龜云》原文補入。

㈧「入木孕婦災」，原本作「木孕婦交」，疑誤，據《新鍥斷易天機•占疾病•卜筮元龜云》原文改作。

㈨「更」，原本作「耕」，疑誤，據其文意改作。

㈩「者」，原本脫漏，據《新鍥斷易天機•占疾病•卜筮元龜云》原文補入。

八節休旺訣

附十二支神

狀態 ＼ 對應卦 ＼ 節令	立春	春分	立夏	夏至	立秋	秋分	立冬	冬至
旺	艮	震	巽	離	坤	兑	乾	坎
	丑寅	卯	辰巳	午	未申	酉	戌亥	子
相	震	巽	離	坤	兑	乾	坎	艮
	卯	辰巳	午	未申	酉	戌亥	子	丑寅
胎	巽	離	坤	兑	乾	坎	艮	震
	辰巳	午	未申	酉	戌亥	子	丑寅	卯
沒	離	坤	兑	乾	坎	艮	震	巽
	午	未申	酉	戌亥	子	丑寅	卯	辰巳
死	坤	兑	乾	坎	艮	震	巽	離
	未申	酉	戌亥	子	丑寅	卯	辰巳	午
囚	兑	乾	坎	艮	震	巽	離	坤
	酉	戌亥	子	丑寅	卯	辰巳	午	未申
休	乾	坎	艮	震	巽	離	坤	兑
	戌亥	子	丑寅	卯	辰巳	午	未申	酉
廢	坎	艮	震	巽	離	坤	兑	乾
	子	丑寅	卯	辰巳	午	未申	酉	戌亥

凡病，少者遇生旺則吉，老者遇之則凶，卦中用生旺者，仿此。

凶殺橫曆

臨本屬和世爻動者是也

神殺＼月令	正	二	三	四	五	六	七	八	九	十	十一	十二	說明
歲殺	丑	戌	未	辰	丑	戌	未	辰	丑	戌	未	辰	主病，有官災。
三丘	丑	丑	丑	辰	辰	辰	未	未	未	戌	戌	戌	墳墓為祟凶。
五墓	未	未	未	戌	戌	戌	丑	丑	丑	辰	辰	辰	墳墓崩凶。
飛殺	酉	子	卯	午	酉	子	卯	午	酉	子	卯	午	卒病，飛鳥怪。
血忌	丑	未	寅	申	卯	酉	辰	戌	巳	亥	午	子	不宜針灸也。
陰殺	寅	子	戌	申	午	辰	寅	子	戌	申	午	辰	陰謀、病患事。
小殺	辰	亥	子	丑	申	酉	戌	巳	午	未	寅	卯	主小兒疾患。
月殺	丑	戌	未	辰	丑	戌	未	辰	丑	戌	未	辰	破財，傷人凶。
厭殺	戌	酉	申	未	午	巳	辰	卯	寅	丑	子	亥	主厭死凶也。
天刑	辰	卯	寅	丑	子	亥	戌	酉	申	未	午	巳	主刑傷，癰疽。
大②殺	戌	巳	午	未	寅	卯	辰	亥	子	丑	申	酉	病十死一生。
天鬼	巳	子	酉	酉	午	午	申	申	酉	戌	亥	卯	主呪咀，誓願。
負結	亥	亥	丑	丑	卯	卯	巳	巳	未	未	酉	酉	負鬼神食也。
天殺	未	辰	丑	戌	未	辰	丑	戌	未	辰	丑	戌	主疾病困厄。
地殺	辰	丑	戌	未	辰	丑	戌	未	辰	丑	戌	未	疾病凶、惡凶。
死氣	午	未	申	酉	戌	亥	子	丑	寅	卯	辰	巳	病者死喪凶。
上喪	辰	未	戌	丑	辰	未	戌	丑	辰	未	戌	丑	主親喪、墓門開。
下喪	未	辰	丑	戌	未	辰	丑	戌	未	辰	丑	戌	下親喪服事。
吊客	辰	丑	戌	未	辰	丑	戌	未	辰	丑	戌	未	疾病憂死凶。
飛廉	申	未	午	巳	辰	卯	寅	丑	子	亥	戌	酉	主人卒亡凶。
天喪	卯	子	酉	午	卯	子	酉	午	卯	子	酉	午	主有孝服凶。
小時	寅	卯	辰	巳	午	未	申	酉	戌	亥	子	丑	主有死亡凶。
哭忌	亥	子	丑	寅	卯	辰	巳	午	未	申	酉	戌	主死哭泣凶。
浴盆	辰	辰	辰	未	未	未	戌	戌	戌	丑	丑	丑	主落水凶亡。
天鬼	亥	子	丑	寅	卯	辰	巳	午	未	申	酉	戌	飛煞立至也。
月鬼	未	午	巳	辰	卯	寅	丑	子	亥	戌	酉	申	鳥入宅為怪也。
太陰	子	丑	寅	卯	辰	巳	午	未	申	酉	戌	亥	主女人疾厄凶。
陰殺	未	午	申	未	午	申	未	午	申	未	午	申	主女人疾患凶。
哭聲	寅	巳	申	亥	寅	巳	申	亥	寅	巳	申	亥	主哭泣之事。
哭殺	巳	午	未	申	酉	戌	亥	子	丑	寅	卯	辰	主時行瘟病。
月殺	丑	辰	未	戌	丑	辰	未	戌	丑	辰	未	戌	憂小兒疾病。
浴盆	辰	未	戌	酉	辰	未	戌	酉	辰	未	戌	酉	動入水凶事。

右凶殺動，臨本屬並世爻，或剋本屬並世爻，方可斷之，不可不防㊂也。

校勘記

㊀「防」，原本作「妨」，疑誤，據其文意改作。

右吉神謂之救神，雖危不死。

虎易按：「天醫」欄，原本三月對應地支作「未」字，據《周易尚占•逐月吉凶神殺例》，改作「丑」字。

吉神橫曆

月令／神殺	正	二	三	四	五	六	七	八	九	十	十一	十二	說明
天德	亥	子	丑	寅	卯	辰	巳	午	未	申	酉	戌	主救禍患吉。
月德	未	申	酉	戌	亥	子	丑	寅	卯	辰	巳	午	主福德救護吉。
日德	亥	戌	酉	申	未	午	巳	辰	卯	寅	丑	子	主災禍散吉。
時德	辰	亥	子	丑	申	酉	戌	巳	午	未	寅	卯	主災患得免吉。
青龍	寅	卯	辰	巳	午	未	申	酉	戌	亥	子	丑	主人口吉慶。
天醫	卯	亥	丑	未	巳	卯	亥	丑	未	巳	卯	亥	主病安，痊疾。
天解	申	戌	子	寅	辰	午	申	戌	子	寅	辰	午	主惡事解散。
生氣	子	丑	寅	卯	辰	巳	午	未	申	酉	戌	亥	卦有此爻吉。

占疾病症候章第二

凡是鬼爻持世身，亦聞人語便生嗔。

鬼爻持世，兼合疼痛，象坤宮之卦也。鬼是木，木生疼痛。凡察五行變化，以天地兩卦為準。其㊀他皆仿此。

眼目慌忙不能視，狂言亂語失精神。

卦有兩鬼，先曾病來，舊病再發㊁。主驚恐，言語無度。

飲食何能加進啜，四墓持世同上說。

四墓持世，辰戌丑未也。假令《乾》卦金墓丑，丑爻持世者，《姤》卦是也。

是父母持世，合主沉重也。

酉爻為鬼眼遭殃，其字兩丁穿目穴。

酉字取象，兩丁字入目，為患眼也。

水火持世爻更發，其病乍寒並乍熱。

水象寒，火象熱，水火二神或進或退。

土爻腫脹氣還虛，金爻持之傷骨節。

土象腫脹者，取象平地忽起為山也。氣虛，象山能出雲，

《卜筮元龜》教例：135		
乾宮：天風姤		
本　　卦		
父母壬戌土	▅▅▅	
兄弟壬申金	▅▅▅	
官鬼壬午火	▅▅▅	應
兄弟辛酉金	▅▅▅	
子孫辛亥水	▅▅▅	
父母辛丑土	▅　▅	世

雲為虛氣。金爻為骨，帶鬼骨病也。

木爻為鬼體酸痛㊂，腦悶氣來心欲結。

木主酸痛，剋卦世亦然也。

卦象鬼爻入墓裡，兼帶休囚並殺氣。

旺相者，老人凶，少者吉。休囚死廢者，老人吉，少壯凶。若入墓者，不論老少壯年，遇者皆死㊃。

假令五月得《姤》卦，九四壬午火動，九五壬申金動，化入艮土㊄。

艮六四丙戌土，火墓在戌，名鬼入墓。壬申金為本宮，化為金墓在丑，名本宮入墓，卦入墓者。

虎易按：「壬申金為本宮」，指《乾》宮屬金，《姤》卦壬申金與本宮五行相同。「化為金墓在丑」，指《姤》外卦四、五爻動變為艮，艮後天八卦方位為東北，地支配丑寅，丑為金之墓。

《卜筮元龜》教例：136					
時間：五月					
乾宮：天風姤			巽宮：山風蠱（歸魂）		
本　　卦			**變　　卦**		
父母壬戌土	▅▅▅		妻財丙寅木	▅▅▅	應
兄弟壬申金	▅▅▅	○→	子孫丙子水	▅ ▅	
官鬼壬午火	▅▅▅	應 ○→	父母丙戌土	▅ ▅	
兄弟辛酉金	▅▅▅		兄弟辛酉金	▅▅▅	世
子孫辛亥水	▅▅▅		子孫辛亥水	▅▅▅	
父母辛丑土	▅ ▅	世	父母辛丑土	▅ ▅	

假令五月卦屬火，火化入九月卦，九月建戌，火墓在戌，名卦入墓。五月殺陰在寅㊅，名帶殺入墓，必大凶。帶馬入墓，抱官職而死。

又法：卦爻六位安靜，在本宮墓亦死。假令得乾宮《遯》卦，內見《艮》，金墓在丑是也。《咸》、《剝》、《小過》、《豫》卦之類㊆是也。又卦世入墓亦死，《升》、《損》之類㊇是也。外卦屬金，金墓在丑，丑爻持世是也㊈。他皆仿此。

本宮白虎入墓凶，子不動兮難救矣。

本宮入墓，白虎入墓必死。若鬼不剋身，不入墓，雖無氣亦不死。子爻為救神，旺相動扶卦世不死。無氣入墓無力，不能救之。

又法：父病不欲《乾》化為《艮》，母病不欲《坤》化為《巽》，十病九死㊉。卦陽男病，卦陰女病，親眷仿此推。臨子爻，卜子病，不亦出家。仿此。

另補：占病忌見白虎，並旺相有氣。

校勘記

㊀「其」，原本脫漏，據《新鍥斷易天機‧占疾病‧卜筮元龜云‧占疾病症候云》原文補入。

㊁「發」，原本作「動」字，疑誤，據《新鍥斷易天機‧占疾病‧卜筮元龜云‧占疾病症候

云》原文改作。

㊂「木爻為鬼體酸痛」，原本作「木爻為鬼休廢痛」，疑誤，據《新鍥斷易天機・占疾病・卜筮元龜云・占疾病症候云》原文改作。

㊃「旺相者，老人凶，少者吉。休囚死廢者，老人吉，少壯凶。若入墓者，不論老少壯年，遇者皆死」，原本作「旺相者，老人凶，少人吉。囚死休廢者，少盛凶，老人吉。若入墓者，不論老少盛並，遇者皆死」，疑誤，據《新鍥斷易天機・占疾病・卜筮元龜云・占疾病症候云》原文改作。

㊄「土」，原本脫漏，據《新鍥斷易天機・占疾病・卜筮元龜云・占疾病症候云》原文補入。

㊅「寅」，原本作「子」，疑誤，據《卜筮元龜・日六神內動》殺陰例改作。

㊆㊇「類」，原本作「例」，疑誤，據《新鍥斷易天機・占疾病・卜筮元龜云・占疾病症候云》原文改作。

㊈「也」，原本脫漏，據《新鍥斷易天機・占疾病・卜筮元龜云・占疾病症候云》原文補入。

㊉「十病九死」，原本作「十死無疑」，疑誤，據《新鍥斷易天機・占疾病・卜筮元龜云・占疾病症候云》原文改作。

占病在何處章第三

初足　二腿股　三腹腰　四腹　五心　六頭

爻位法	
爻位	身體
六爻	頭
五爻	心
四爻	腹
三爻	腹腰
二爻	腿股
初爻	足

鬼在初爻兩足傷，二爻雙腿患非常，三爻腰背常輕軟，四爻心腹及肚腸，五爻腎臟多氣脹，六爻頭上患為殃。

此亦言其大略，易道無窮，更以八卦推之㊀。

鬼在乾頭坤患腹，坎耳離云患其目，艮兌既言手口間，震巽豈云非足股。

鬼在乾患頭，在㊁坤患腹，在坎患耳，在離患目，在艮患手，在兌患口，在震患足，在巽患股㊂。鬼爻若動，棄象占爻也。

木爻為鬼體疼痛，水土持之必癰腫，

木云痛，土云腫，水為膿血，火為㊃瘡痍。

剋象若言是金鬼，以類推之牙骨痛。

金主牙骨疼痛㈤。

另補：占病所主，《乾》為父、頭目。《坤》為母、腹。《艮》為少男、胃、膈。《震》為長男、手足。《坎》為中男、背、耳、腎。《離》為中女、眼。《巽》為長女、腰胯、風。《兌》為少女、口齒。

校勘記

㈠「之」，原本作「進」，疑誤，據《新鍥斷易天機·占疾病·卜筮元龜云·占病在何處云》原文改作。

㈡「在」，原本脫漏，據《新鍥斷易天機·占疾病·卜筮元龜云·占病在何處云》原文補入。

㈢「鬼在乾患頭，在坤患腹，在坎患耳，在離患目，在艮患手，在兌患口，在震患足，在巽患股」，原本作「鬼在乾患頭，在坤患腹，在坎患耳，在巽患股，在離患目，在震患足，在艮患手，在兌患口」，疑誤，按標題順序，改排為此順序。

㈣「為」，原本作「主」，疑誤，據《新鍥斷易天機·占疾病·卜筮元龜云·占病在何處云》原文改作。

㈤「金主牙骨疼痛」，原本作「火為瘡痍，金牙骨疼」，疑誤，據《新鍥斷易天機·占疾病·卜筮元龜云·占病在何處云》原文改作。

占病卦訣章㊀第四

內戒病云傷五臟，外戒傷害病皮膚㊁，
二世內戒，一世外戒。

骸骨困羸消瘦盡，三世。
棺槨心驚多恐懼。四世。
血脈瘡痍有無慮，五世。
遊魂恍惚不安居，四㊂世。
歸魂精魄暗扶身，三世。
氣息沉沉懶語人㊃。三世歸魂，魂順者吉，顛倒即㊄凶。假令得《歸妹》卦凶，以震為足在上，兌為口在下是也㊅。且如得《師》卦，腹在上，耳在下，亦是顛倒。餘歸魂卦當仿此㊆。

虎易按：此節內容，讀者可參閱《新鍥斷易天機•十六變章》。

校勘記

㊀「章」，原本脫漏，據本書標題體例補入。

㊁「膚」，原本作「骨」，疑誤，據《新鍥斷易天機•占疾病•卜筮元龜云•占病卦訣云》原文改作。

㊂「四」，原本作「六」，疑誤，據《新鍥斷易天機•占疾病•卜筮元龜云•占病卦訣云》原文改作。

㊃「氣息沉靜心懶語」，原本作「氣息沉沉懶語人」，疑誤，據《新鍥斷易天機•占疾病•卜筮元龜云•占病卦訣云》原文改作。

㊄「即」，原本脫漏，據《新鍥斷易天機•占疾病•卜筮元龜云•占病卦訣云》原文補入。

㊅「假令得《歸妹》卦凶，以震為足在上，兌為口在下是也」，原本脫漏，據《新鍥斷易天機•占疾病•卜筮元龜云•占病卦訣云》原文補入。

㊆「且如得《師》卦，腹在上，耳在下，亦是顛倒。餘歸魂卦當仿此」，原本作「假令《師》卦，腹在上，耳在下亦是。餘歸魂卦，以意消息」，疑誤，據《新鍥斷易天機•占疾病•卜筮元龜云•占病卦訣云》原文改作。

占何處得病章第五

鬼爻在初堂內病，三爻與二在門庭。

初為堂室，二為中庭，三為門。

四五之爻居道路，或逢風雨損心驚。

在巽遭風，在坎遭雨水，在震遭雷。水爻為鬼剋世爻，亦然也。

鬼爻入坎河海疾㈠，喪門臨象死喪家。

坎在下為河㈡，在上為雨。太歲在戌，喪門在《坎》，太歲在亥，弔客在《兌》也。

福德象來因酒食，本宮五鬼象喧嘩。

假令卜得《噬磕》卦，以離為福德，鬼從離來是也。假令卜得《无妄》卦，以乾為鬼，鬼從乾象來㈢，是五鬼象。

虎易按：「以離為福德」，指《噬嗑》卦子孫屬火，與離為火同五行。「是五鬼象」，指《无妄》卦五爻為鬼。

校勘記

㊀「鬼爻入坎河海疾」，原本作「鬼爻入坎海河疾」，疑誤，據《新鍥斷易天機・占疾病・卜筮元龜云・占何處得病云》原文改作。

㊁「河」，原本作「江」，疑誤，據《新鍥斷易天機・占疾病・卜筮元龜云・占何處得病云》原文改作。

㊂「來」，原本脫漏，據《新鍥斷易天機・占疾病・卜筮元龜云・占何處得病云》原文補入。

占禍祟章第六

外來剋內病難療，他宮之鬼剋為憂㊀。療者，治也。外剋內，祟難治也。它宮官㊁鬼者，假令坤宮《泰》卦㊂見甲寅木。

《臨》：見㊃《兌》卦丁卯木是也。

虎易按：「它宮官鬼者」，假令坤宮官鬼為乙卯木，但坤宮只有《坤》、《比》兩卦官鬼為乙卯木，是本宮官鬼。而《泰》、《大壯》、《夬》、《需》四卦，官鬼為甲寅木，《復》卦官鬼為庚寅木，《臨》卦官鬼為丁卯木，此六個卦的官鬼，都不是本宮官鬼。其他各宮，均仿此推之。

《卜筮元龜》教例：137		
坤宮：地天泰（六合）		
本　　卦		
子孫癸酉金	▅▅　▅▅	應
妻財癸亥水	▅▅　▅▅	
兄弟癸丑土	▅▅　▅▅	
兄弟甲辰土	▅▅▅▅▅	世
官鬼甲寅木	▅▅▅▅▅	
妻財甲子水	▅▅▅▅▅	

《卜筮元龜》教例：138		
坤宮：地澤臨		
本　　卦		
子孫癸酉金	▅▅　▅▅	
妻財癸亥水	▅▅　▅▅	應
兄弟癸丑土	▅▅　▅▅	
兄弟丁丑土	▅▅　▅▅	
官鬼丁卯木	▅▅▅▅▅	世
父母丁巳火	▅▅▅▅▅	

鬼在象云何色目，乾是文人兼白頭。

內剋外無祟，鬼旺相為暴病，鬼無氣為久病，死墓為長病。衰鬼難除㊄，旺鬼易消。

校勘記

㊀「他宮之鬼剋為憂」，原本作「他鬼之剋為憂」，疑誤，據《新鍥斷易天機•占鬼神•卜筮元龜云》原文改作。

㊁「官」，原本作「宮」，疑誤，據其卦理及文意改作。

㊂「《泰》卦」，原本脫漏，據其卦理及文意補入。

㊃「見」，原本脫漏，據其卦理及文意補入。

㊄「衰鬼難除」，原本作「鬼死難」，疑誤，據《新鍥斷易天機•占鬼神•卜筮元龜云》原文改作。

占鬼不動崇何神鬼章第七

金居木上何鬼作，必是曾經斫①樹神。

《乾》為刀劍，《兌》為斧鑿，《无妄》、《大過》、《隨》、《姤》之類是也。鬼㊀在秋，秋屬金，金剋木故也。

假令《隨》卦：

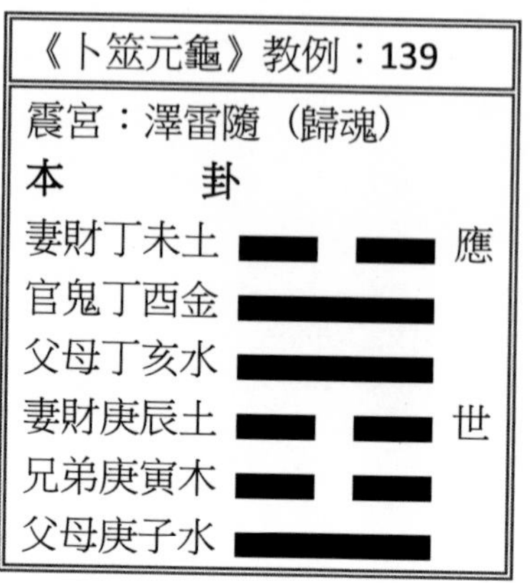

《卜筮元龜》教例：139

震宮：澤雷隨（歸魂）

本　卦

六親	爻	世應
妻財丁未土	▅▅ ▅▅	應
官鬼丁酉金	▅▅▅▅▅	
父母丁亥水	▅▅▅▅▅	
妻財庚辰土	▅▅ ▅▅	世
兄弟庚寅木	▅▅ ▅▅	
父母庚子水	▅▅▅▅▅	

此是人承祀㊁之鬼。《隨》七月卦是金，六二庚寅木，寅中㊂有生火剋金㊃，故知火為福德，故知是人承祀㊄之鬼也。

木居其上是何神，竹木為堆應犯土。

震為木，為長男，鬼㊅是此人犯也。巽為竹，為長女，是此女犯也。若《觀》、《豫》、《漸》、《小過》之類是也。巽又為繩索，或言是自縊鬼。此可信不誣矣㊆。

火金之爻化火金，鬥傷之鬼因㊇刀兵。

卦中有火金爻化火金者，其家決然有因㊈刀劍㊉死之鬼為患。

騰蛇忽然臨水木，產死西南有自經②。

其家有產死鬼，或西南方有自經之鬼也(十一)。

坎兌支得離兌象，定知呪咀多冤枉。

騰蛇、玄武臨鬼是也。

支為坤艮蛇虎傷，支巽自縊同影響。

坎兌支巽者，定有自縊鬼如影之附形，響之應聲也(十二)。

注釋

①斫（zhuó）：用刀、斧等砍劈。

②自經（zì jīng）：上吊自殺。

校勘記

㊀「鬼」，原本作「危」，疑誤，據《新鍥斷易天機·占鬼神·卜筮元龜云·占鬼不動祟何

神鬼云》原文改作。

二五「祀」，原本作「事」，疑誤，據《新鍥斷易天機•占鬼神•卜筮元龜云•占鬼不動祟何神鬼云》原文改作。

三「中」，原本作「甲」，疑誤，據「火長生在寅」改作。

四「金」，原本脫漏，據其文意補入。

六「鬼」，原本作「男」，疑誤，據《新鍥斷易天機•占鬼神•卜筮元龜云•占鬼不動祟何神鬼云》原文改作。

七「若《觀》、《豫》、《漸》、《小過》之類是也。巽又為繩索，或言是自縊鬼。此可信不誣矣」，原本作「凡《觀》、《豫》、《漸》、《小過》類是。巽為繩索，或自縊鬼也」，疑誤，據《新鍥斷易天機•占鬼神•卜筮元龜云•占鬼不動祟何神鬼云》原文改作。

八九「因」，原本作「困」，疑誤，據其文意改作。

十「劍」，原本作「刃」，疑誤，據《新鍥斷易天機•占鬼神•卜筮元龜云•占鬼不動祟何神鬼云》原文改作。

十一「也」，原本脫漏，據《新鍥斷易天機•占鬼神•卜筮元龜云•占鬼不動祟何神鬼云》原文補入。

十三「坎兌支巽者，定有自縊鬼如影之附形，響之應聲也」，原本作「坎兌支者，亦定有此鬼如形之附，影響之應聲也」，疑誤，據《新鍥斷易天機•占鬼神•卜筮元龜云•占鬼不動祟何神鬼云》原文改作。

占疾㊀病凶卦章第八

雖十死卦必不死，隨時因體可斷之。

豐觀需臨節旅賁，明夷蠱夬及同人，不問四時及生旺，十死分明不漫陳。

愚謂：此十一㊁卦占病遇之，未必皆死，大概不為吉兆。

至於春《需》、夏《觀》、秋《剝》、冬《旅》，謂之四滅沒卦，皆凶象。

另補：四滅卦：春《蒙》、夏《蠱》、秋《剝》、冬《旅》。四沒卦：春《需》、夏《觀》、秋《剝》、冬《旅》。

虎易按：「《豐》《觀》《需》《臨》《節》《旅》《賁》，《明夷》《蠱》《夬》及《同人》」，以上共十一卦，注釋稱「十卦」，遺漏一卦。

占疾病凶卦

坎宮：雷火豐
本　　卦
官鬼庚戌土
父母庚申金　世
妻財庚午火
兄弟己亥水
官鬼己丑土　應
子孫己卯木

乾宮：風地觀
本　　卦
妻財辛卯木
官鬼辛巳火
父母辛未土　世
妻財乙卯木
官鬼乙巳火
父母乙未土　應

坤宮：水天需（遊魂）
本　　卦
妻財戊子水
兄弟戊戌土
子孫戊申金　世
兄弟甲辰土
官鬼甲寅木
妻財甲子水　應

坤宮：地澤臨
本　　卦
子孫癸酉金
妻財癸亥水　應
兄弟癸丑土
兄弟丁丑土
官鬼丁卯木　世
父母丁巳火

坎宮：水澤節（六合）
本　　卦
兄弟戊子水
官鬼戊戌土
父母戊申金　應
官鬼丁丑土
子孫丁卯木
妻財丁巳火　世

離宮：火山旅
本　　卦
兄弟己巳火
子孫己未土
妻財己酉金　應
妻財丙申金
兄弟丙午火
子孫丙辰土　世

艮宮：山火賁（六合）
本　　卦
官鬼丙寅木
妻財丙子水
兄弟丙戌土　應
妻財己亥水
兄弟己丑土
官鬼己卯木　世

坎宮：地火明夷（遊魂）
本　　卦
父母癸酉金
兄弟癸亥水
官鬼癸丑土　世
兄弟己亥水
官鬼己丑土
子孫己卯木　應

巽宮：山風蠱（歸魂）
本　　卦
兄弟丙寅木　應
父母丙子水
妻財丙戌土
官鬼辛酉金　世
父母辛亥水
妻財辛丑土

坤宮：澤天夬
本　　卦
兄弟丁未土
子孫丁酉金　世
妻財丁亥水
兄弟甲辰土
官鬼甲寅木　應
妻財甲子水

離宮：天火同人（歸魂）
本　　卦
子孫壬戌土　應
妻財壬申金
兄弟壬午火
官鬼己亥水　世
子孫己丑土
父母己卯木

考察本文所附十一個卦例：

父母持世有兩卦：

《豐》卦，世爻父母庚申金，應爻官鬼己丑土。

《觀》卦，世爻父母辛丑土，應爻父母乙未土。

妻財持世有一卦：

《節》卦，世爻妻財丁巳火，應爻父母戊申金。

官鬼持世有五卦：

《臨》卦，世爻官鬼丁卯木，應爻妻財癸亥水。

《賁》卦，世爻官鬼己卯木，應爻兄弟丙戌土。

《明夷》卦，世爻官鬼癸丑土，應爻子孫己卯木。

《蠱》卦，世爻官鬼辛酉金，應爻兄弟丙寅木。

《同人》卦，世爻官鬼己亥水，應爻子孫丙戌土。

子孫持世有三卦：

《需》卦，世爻子孫戊申金，應爻妻財甲子水。

《旅》卦，世爻子孫丙辰土，應爻妻財己酉金。

《夬》卦，世爻子孫丁酉金，應爻官鬼甲寅木。

「至於春《需》、夏《觀》、秋《剝》、冬《旅》，謂之四滅沒卦，皆凶象」。

四滅沒卦

春需

坤宮：水天需（遊魂）

本卦		
妻財戊子水	▅▅ ▅▅	
兄弟戊戌土	▅▅▅▅▅	
子孫戊申金	▅▅ ▅▅	世
兄弟甲辰土	▅▅▅▅▅	
官鬼甲寅木	▅▅▅▅▅	
妻財甲子水	▅▅▅▅▅	應

夏觀

乾宮：風地觀

本卦		
妻財辛卯木	▅▅▅▅▅	
官鬼辛巳火	▅▅▅▅▅	
父母辛未土	▅▅ ▅▅	世
妻財乙卯木	▅▅ ▅▅	
官鬼乙巳火	▅▅ ▅▅	
父母乙未土	▅▅ ▅▅	應

秋剝

乾宮：山地剝

本卦		
妻財丙寅木	▅▅▅▅▅	
子孫丙子水	▅▅ ▅▅	世
父母丙戌土	▅▅ ▅▅	
妻財乙卯木	▅▅ ▅▅	
官鬼乙巳火	▅▅ ▅▅	應
父母乙未土	▅▅ ▅▅	

冬旅

離宮：火山旅

本卦		
兄弟己巳火	▅▅▅▅▅	
子孫己未土	▅▅ ▅▅	
妻財己酉金	▅▅▅▅▅	應
妻財丙申金	▅▅▅▅▅	
兄弟丙午火	▅▅ ▅▅	
子孫丙辰土	▅▅ ▅▅	世

考察本文所附卦例：

《需》卦，世爻子孫戊申金，應爻妻財甲子水。

《觀》卦，世爻父母辛丑土，應爻父母乙未土。

《剝》卦，世爻子孫丙子水，應爻官鬼乙巳火。

《旅》卦，世爻子孫丙辰土，應爻妻財己酉金。

以上「四滅沒卦」，有三卦與前面十一卦重複，只有《剝》卦沒有重複。從上所列，沒有規律可循。本書雖引用此說，但並未對此作任何解釋，不知原作者根據什麼，說遇到這些卦就是「十死分明」，其理不明。

題注：「雖十死卦必不死，隨時因體可斷之」，注釋：「愚謂：此十卦占病遇之，未必皆死。大概不為吉兆」，但不知作者為何還要編輯成書，流傳於後世。

明代著作《新鍥斷易天機》、《卜筮全書》等，都收錄有此內容。直至《易冒》作者，才重新論述：「考之占驗，四滅沒不死，十卦不死，無鬼無財不死，身空命空不死，凶煞不死。則其所以死者，必用神死則死，用神生則生爾」。

校勘記

㈠「疾」，原本脫漏，據《新鍥斷易天機•占疾病•卜筮元龜云•占疾病凶卦云》原文補入。

㈡「一」，原本脫漏，據其所列卦的個數補入。

占祈禱章第九

祈禱鬼爻化為子，子爻持身福無已。

鬼化為福德大吉。亦云《乾》、《姤》二卦：

是鬼雖不變本宮福德神，大吉之㊀象。

《卜筮元龜》教例：140		
乾宮：乾為天（六沖）		
本　　卦		
父母壬戌土	▅▅▅▅▅	世
兄弟壬申金	▅▅▅▅▅	
官鬼壬午火	▅▅▅▅▅	
父母甲辰土	▅▅▅▅▅	應
妻財甲寅木	▅▅▅▅▅	
子孫甲子水	▅▅▅▅▅	

《卜筮元龜》教例：141		
乾宮：天風姤		
本　　卦		
父母壬戌土	▅▅▅▅▅	
兄弟壬申金	▅▅▅▅▅	
官鬼壬午火	▅▅▅▅▅	應
兄弟辛酉金	▅▅▅▅▅	
子孫辛亥水	▅▅▅▅▅	
父母辛丑土	▅▅　▅▅	世

鬼成父母祠大神，變作餘爻並小耳。

假令《需》卦二爻：

金以火為神①，火本宮父母也。大神，名山大川為大神。

卦不相生福無會，不見鬼爻神不在。

上下相剋，神祈無福。卦無鬼爻，神當出遊，鬼遇空亦然。

世應相剋者，半福㊁也。

鬼爻旺相扶身世，二象相生歆享②位。

上下相生，祀神有福。又以應為鬼神，應落空亡，亦無福。

《卜筮元龜》教例：142			
	坤宮：水天需（遊魂）		
伏神	**本　　卦**		
	妻財戊子水	▅▅　▅▅	
	兄弟戊戌土	▅▅▅▅▅	
	子孫戊申金	▅▅　▅▅	世
	兄弟甲辰土	▅▅▅▅▅	
父母乙巳火	官鬼甲寅木	▅▅▅▅▅	
	妻財甲子水	▅▅▅▅▅	應

有鬼及象，與世應相生吉。《咸》《恒》之卦是也。

卦一鬼爻為一神，二爻二鬼再相陳。

卦有二鬼祀二神，或一神兩度祀。鬼在巽象，神在東南。艮在㊂東北是也。

日月上來逕入卦，當向外來遊野神。

卦中無鬼，雖日月上帶鬼，名遊野之神，無福祐。

注釋

①金以火為神：世爻戊申金，被本宮父母乙巳火克，按「克我者為官鬼」的體例轉換六親，父母乙巳火就成為世爻戊申金之官鬼了。鬼神為一體兩面，此處稱為神。

②歆享（xīn xiǎng）：神靈享受供物。舊指鬼神享受祭品、香火。

校勘記

㊀「之」，原本脫漏，據《新鍥斷易天機•占鬼神•卜筮元龜云•占祈禱云》原文補入。

㊁「福」，原本作「過」，疑誤，據《新鍥斷易天機•占鬼神•卜筮元龜云•占祈禱云》原文改作。

㊂「在」，原本脫漏，據《新鍥斷易天機•占鬼神•卜筮元龜云•占祈禱云》原文補入。

占醫藥章第十㊀

欲占醫人善惡詳，無過貞悔可斟量。

貞悔者，內外也。內為病人，外為藥。卦得旺相相生，醫病斷根本。如內外相生，世應相剋，則病根不斷㊁。病由兩處，《節》卦是也。

虎易按：「如內外相生，世應相剋」，《節》卦內兌金生外坎水，但世爻巳火剋應爻申金。「病由兩處」，大約指三爻官鬼丁丑土，五爻官鬼戊戌土。

《卜筮元龜》教例：143		
坎宮：水澤節（六合）		
本　　卦		
兄弟戊子水	▅▅　▅▅	
官鬼戊戌土	▅▅▅▅▅	
父母戊申金	▅▅　▅▅	應
官鬼丁丑土	▅▅　▅▅	
子孫丁卯木	▅▅▅▅▅	
妻財丁巳火	▅▅▅▅▅	世

子爻在土宜丸散，若是水爻宜服湯。子爻是木青丸藥，金火兩爻宜灸灼。

諸卦以木爻為藥，亦為醫人。父母臨水及變兄弟者，眾味和合成藥。無氣為生藥，旺相為熟藥。子爻為金，宜針。是火，宜灸。假令鬼為病處，鬼及金，金為骨，故宜灸。它皆仿此。

子爻旺相好醫人，無氣殺沖還惡矣。

假令正月、二月，卜得純《坎》之《節》：

正月陰殺㊂在寅，《坎》卦初六戊寅木殺並。二月初九丁巳火為殺陰並㊃。或戊申金動破，初六爻旺相，藥力強。無氣力弱，帶殺損人。

卦無子爻何以遂，旺相相生藥無祟，內外不和服藥凶，更遇殺沖須早忌。

若內外相剋，藥帶殺，其藥大凶。相生亦瘥，相剋難瘥。子爻是水，宜北方醫。它仿此。

校勘記

㊀「十」，原本作「九」，疑誤，據其標題順序改作。

㊁「則病根不斷」，原本作「根本不斷」，疑誤，據《新鍥斷易天機•占鬼神•卜筮元龜云•占祈禱云》原文改作。

㊂「陰殺」，原本作「殺陰」，疑誤，據《新鍥斷易天機•吉神歌訣•陰殺》體例改作。

㊃「二月初九丁巳火為殺陰並」，原本作「無初九丁巳火為殺並」，疑誤，據「殺陰」體例及文意改作。

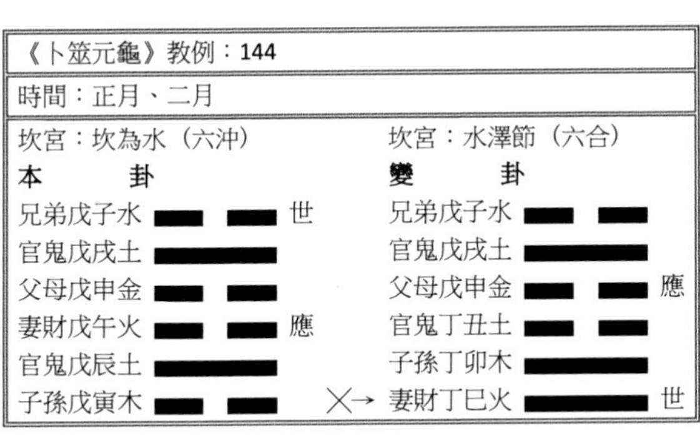

《卜筮元龜》教例：144			
時間：正月、二月			
坎宮：坎為水（六沖）		坎宮：水澤節（六合）	
本　卦		**變　卦**	
兄弟戊子水 ▅▅ ▅▅	世	兄弟戊子水 ▅▅ ▅▅	
官鬼戊戌土 ▅▅▅▅▅		官鬼戊戌土 ▅▅▅▅▅	
父母戊申金 ▅▅ ▅▅		父母戊申金 ▅▅ ▅▅	應
妻財戊午火 ▅▅ ▅▅	應	官鬼丁丑土 ▅▅ ▅▅	
官鬼戊辰土 ▅▅▅▅▅		子孫丁卯木 ▅▅▅▅▅	
子孫戊寅木 ▅▅ ▅▅	╳→	妻財丁巳火 ▅▅▅▅▅	世

墓地門

占墓地章第一

占宅先看虛耀場，貞悔相生大吉昌；

日月虛耀者，卦內有火爻為日，水爻為月。諸卦皆以月卦生處為向，假令得七月、八月卦，屬金，金生在巳，即東南向。不然，亦向旺。仿此消息。

貞悔者，內外也。卦有財爻福德，卦兼內外有氣相生，名大吉之地。

未葬者，以內卦為塚，以外卦為亡人。已葬者，以內卦為亡人，以外卦為塚。內外卦㊀相生吉，已葬者剋塚吉，塚剋亡人者凶。

月卦在離地，在南方。月卦在坎地，在北方。

何以知之葬及未葬？本宮墓在月卦前，為未葬。

欲知葬了得幾年，以月卦支㊁數其年太歲，或從鬼爻數之。

假令戊寅年，卜得《升》卦：

《卜筮元龜》教例：145
時間：戊寅年
占事：葬了幾年？
震宮：地風升 **本　　卦** 官鬼癸酉金▅▅　▅▅ 父母癸亥水▅▅　▅▅ 妻財癸丑土▅▅　▅▅世 官鬼辛酉金▅▅▅▅▅ 父母辛亥水▅▅▅▅▅ 妻財辛丑土▅▅　▅▅應

以癸酉金為卦身，從酉數至戊寅年，葬來已得六年矣，或十六年。他皆仿此也。

一二三四歸魂吉，五世遊魂絕不強。

遊魂卦為遷葬之卦，葬者不吉，又為絕嗣之卦，葬者少嗣。五世為絕嗣之卦，少子息。遊魂為魂魄遊蕩不安，若安墓久須移動。歸魂為人家之卦，安定不移。八純尤凶，惟《乾》《坤》兩卦大吉，其餘《艮》《震》《巽》《離》《兌》《坎》六卦，並凶也。

地穴高低占其卦，陽爻旺相宜官也；

穴者，卦爻是也。穴在五六之爻，葬處高。穴在三四之爻，葬在當中。穴在初及二爻，葬處低。低者，《臨[三]》《復》卦是也。

虎易按：原本作「低者，《泰》《復》卦是也」，《泰》卦為三世，與「穴在初及二爻，葬處低」之意不符，改作「低者，《臨》《復》卦是

《卜筮元龜》教例：146		
坤宮：地澤臨		
本　卦		
子孫癸酉金	▅▅　▅▅	
妻財癸亥水	▅▅　▅▅	應
兄弟癸丑土	▅▅　▅▅	
兄弟丁丑土	▅▅　▅▅	
官鬼丁卯木	▅▅▅▅▅	世
父母丁巳火	▅▅▅▅▅	

《卜筮元龜》教例：147		
坤宮：地雷復（六合）		
本　卦		
子孫癸酉金	▅▅　▅▅	
妻財癸亥水	▅▅　▅▅	
兄弟癸丑土	▅▅　▅▅	應
兄弟庚辰土	▅▅　▅▅	
官鬼庚寅木	▅▅　▅▅	
妻財庚子水	▅▅▅▅▅	世

也」。作者雖然沒有說明以何為穴，但從其所附卦例看，是以世爻為穴，供讀者參考。

穴是金，其土白，旺相必有居。穴是火，其土赤，或焦黃。穴是土，其色黃。穴是木，其色青，若木旺，必有樹根。穴是水，其土黑，濕潤，若旺相，有水出。

有氣與福德並，有祥瑞穴德。是火，必有飛鳥，福穴福德。是土，必有龜鱉，若應其瑞，名大吉之地。

卦無酉戌，不宜雞狗。卦無丑午，不宜牛馬。卦無福德，不宜子孫。卦無財庫，不宜倉庫。

陰爻有氣軍武人，無氣休囚貧賤者。

月卦陽，旺相宜文官。月卦陰，旺宜武職。卦陰無氣出貧賤，卦陽無氣，用合不仁，龍德並，極吉。陽長之卦出賢人，陰長之卦出遇人。陽長《復》卦是，陰長《姤》卦是也。

卦體長生處為抱，此法語云父母道；

謂卦以父母爻為懷抱。

假令《恒》卦：

《卜筮元龜》教例：148		
震宮：雷風恒		
本　　卦		
妻財庚戌土	▅▅　▅▅	應
官鬼庚申金	▅▅　▅▅	
子孫庚午火	▅▅▅▅▅	
官鬼辛酉金	▅▅▅▅▅	世
父母辛亥水	▅▅▅▅▅	
妻財辛丑土	▅▅　▅▅	

是正月卦，屬木。木生在亥，亥生木為宮父母，西北有轉抱，合為水壬也。東有轉抱之山，山合辰，辰屬水墓也。東南有佛塔院，不爾，有為名。下互體乾，為化國塔也。凡內外互體見金，有氣為名。鬼木為森林，見火為路，見水為池湖，旺相為江，無氣為池塘也。皆仿此也。

當其地抱處空亡，其地斷之絕不吉。

抱主空亡，或衝破，無岡境。

殺並衝破地言凶，鬼爻入墓吉豐隆；

空亡刑殺並或沖者，名傷敗之地。子孫合，離鄉失土。

假令正月卜得《泰》：名與陰殺㊃並。

虎易按：「名與陰殺並」，《泰》卦為寅月卦，正月陰殺在寅，寅為卦中官鬼。

《卜筮元龜》教例：149		
時間：正月		
坤宮：地天泰（六合）		
本　　卦		
子孫癸酉金	▅▅　▅▅	應
妻財癸亥水	▅▅　▅▅	
兄弟癸丑土	▅▅　▅▅	
兄弟甲辰土	▅▅▅▅▅	世
官鬼甲寅木	▅▅▅▅▅	
妻財甲子水	▅▅▅▅▅	

二月卜得《巽》：大殺並。

虎易按：「二月卜得《巽》：大殺並」，《巽》為巳月卦，二月大殺在巳。

九月得《夬》卦：卦被月破，正純，名被三殺刑。

虎易按：「九月得《夬》卦：卦被月破」，《夬》為辰月卦，九月為戌，戌沖辰為破。「正純」二字，不知何意？存疑。

如此之類，必大凶。

鬼入墓，假令《坤》卦：以木為鬼，墓在未，名鬼入本宮墓，吉。

本宮入墓亦吉，假令《乾》化入《艮》：金墓在丑是。假令《巽》宮化入《坤》，皆是神安泰也。

《卜筮元龜》教例：150		
時間：二月		
巽宮：巽為風（六沖）		
本　　卦		
兄弟辛卯木	▅▅▅▅▅	世
子孫辛巳火	▅▅▅▅▅	
妻財辛未土	▅▅　▅▅	
官鬼辛酉金	▅▅▅▅▅	應
父母辛亥水	▅▅▅▅▅	
妻財辛丑土	▅▅　▅▅	

《卜筮元龜》教例：151		
時間：九月		
坤宮：澤天夬		
本　　卦		
兄弟丁未土	▅▅　▅▅	
子孫丁酉金	▅▅▅▅▅	世
妻財丁亥水	▅▅▅▅▅	
兄弟甲辰土	▅▅▅▅▅	
官鬼甲寅木	▅▅▅▅▅	應
妻財甲子水	▅▅▅▅▅	

虎易按：「名鬼入本宮墓」，指《坤》卦後天八卦方位在西南，地支配未申。「假令《乾》化入《艮》：金墓在丑是。假令《巽》宮化入《坤》」，指《乾》化人《艮》方丑墓，《巽》化入《坤》方未墓。

純陽旺相多益利，純陰相淩禍稍重。

純陽有氣相生，為上吉。無氣相生，為中吉㊄。純陰無氣相生，為下吉。

火鬼兩爻同在戌，此名合葬無餘日；

此舉金宮卦例，假令卜得《遯》卦：

六二丙午火，九四壬午火，兩鬼同，在上九壬戌土，火墓戌，名合葬。不然，相近者。卦以鬼為家，鬼四，四家。方所，以占象，或以旺鬼爻占之。

本宮兩鬼同墓爻，此例卦之為第一。

本宮二鬼爻入墓，名合葬。假令《家人》卦：

以木為本宮，初九己卯木，上九辛卯木且同。六四木墓

《卜筮元龜》教例：152

乾宮：天山遯

本卦		
父母壬戌土	▅▅▅▅▅	
兄弟壬申金	▅▅▅▅▅	應
官鬼壬午火	▅▅▅▅▅	
兄弟丙申金	▅▅▅▅▅	
官鬼丙午火	▅▅　▅▅	世
父母丙辰土	▅▅　▅▅	

《卜筮元龜》教例：153

巽宮：風火家人

伏神	本卦		
	兄弟辛卯木	▅▅▅▅▅	
	子孫辛巳火	▅▅▅▅▅	應
	妻財辛未土	▅▅　▅▅	
官鬼辛酉金	父母己亥水	▅▅▅▅▅	
	妻財己丑土	▅▅　▅▅	世
	兄弟己卯木	▅▅▅▅▅	

未㈥，是六月卦也。

虎易按：初九和上九之木，為本卦兄弟，並非本卦官鬼。因兩木剋世爻土，應是以「剋我者為官鬼」的體例，將屬木的兄弟轉換為剋世爻之官鬼。

校勘記

㈠「卦」，原本作「干」，疑誤，據其卦理及文意改作。

㈡「支」，原本作「干」，疑誤，據其卦理及文意改作。

㈢「臨」，原本作「泰」，疑誤，據其卦理及文意改作。

㈣「陰殺」，原本作「殺陰」，疑誤，據《新鍥斷易天機•吉神歌訣•陰殺》體例改作。

㈤「吉」，原本脫漏，據其文意補入。

㈥「木墓未」，原本作「金墓丑」，疑誤，據其卦理及文意改作。

胎息門

占胎息章第一

內胎必有婦懷胎，龍喜生旺臨妻財，

內胎者，取八節氣。

假令立春後四十五日，以艮為旺，震為相，巽為胎，離為沒，坤為死，兌為囚㈠，乾為休㈡，坎為廢。

故立春內卦見巽為胎，春分離、立夏坤、夏至兌、立秋乾、秋分坎、立冬艮、冬至震，皆取在內象者是。

更有青龍天喜臨子孫，有氣逢長生帝旺者，來意占孕。凡人家有此喜者，其爻自然而動，顯親也。

欲知㈢胎息上身日，八卦生爻細尋覓。

胎息者，乃甲子水化戊寅木，取水生木之義，若乾化為坎也。他仿此。庚子水化己卯木，丁卯木化乙巳火，己亥水化乙卯木，己酉金化丁亥水，壬午火化丙戌土，庚午火化辛未土，癸酉金化己亥水，此謂六甲上身胎息也。故一月一日皆可知也。

又決曰：遇長生者，二月或五十日胎息。遇帝旺者，一百日或三月左右有胎息也。遇衰病者，七月或二百日左右胎息也。遇墓絕，則胎息孕育時也。蓋墓絕則合，養而逢長生之月日也。假令子孫屬水，水生申，則是申月日時生也。他準之。

虎易按：「八卦生爻細尋覓」，從注釋內容看，是指主卦爻地支五行，生變卦爻的地支五行。具體分析如下：

「甲子水化戊寅木」，只有乾初爻是甲子水，也只有坎初爻是戊寅木。如以《乾為天》變《天水訟》卦為例，其初爻子孫甲子水動，化妻財戊寅木。

「庚子水化己卯木」。只有震初爻是庚子水，也只有離初爻是己卯木，如以《震為雷》變《雷火豐》卦為例，其初爻父母庚子水靜，化兄弟己卯木。

「丁卯木化乙巳火」，只有兌二爻是丁卯木，也只有坤二爻是乙巳火，如以《兌為澤》變《澤地萃》卦為例，其二爻妻財丁卯木動，化官鬼乙巳火。

「己亥水化乙卯木」，只有離三爻是己亥水，也只有坤三爻是乙卯木，如以《離為火》變《火地晉》卦為例，其三爻官鬼己亥水動，化父母乙卯木。

「己酉金化丁亥水」，只有離四爻是己酉金，也只有兌四爻是丁亥水，如以《離為火》變《澤火革》卦為例，其四爻妻財己酉金靜，化官鬼丁亥水。

「壬午火化丙戌土」，只有乾四爻是壬午火，也只有艮四爻是丙午火，如以《乾為天》變《山天大畜》卦為例，其四爻官鬼壬午火動，化父母丙戌土。「庚午火化辛未土」，只有震四爻是庚午火，也只有巽四爻是辛未土，如以《震為雷》變《風雷益》卦為例，其四爻子孫庚午火動，化妻財辛未土。「癸酉金化己亥水」，只有坤六爻是癸酉金，也只有離三爻是己亥水。此例並不同爻，此化是不可能的，疑此有誤。經查，只有巽卦三爻辛酉金，才可能化為離卦三爻己亥水。疑「癸酉金」為「辛酉金」之誤。如《巽為風》變《風火家人》。

從上述分析可知，本節注釋內容描述不是很清楚，其論化之爻，有動有靜，其六親也雜亂。因此，不知應該如何應用，提請讀者注意研究。

校勘記

㊀「囚」，原本作「休」，疑誤，據《推八節旺廢例》順序改作。

㊁「休」，原本作「囚」，疑誤，據《推八節旺廢例》順序改作。

㊂「知」，原本作「曰」，疑誤，據《新鍥斷易天機•占生產•卜筮元龜云》原文改作。

占生產時日章第二

欲知胎婦何時生，子爻生旺日為限。

假令火為子，火生寅，或正月或寅卯日，或寅午戌月日。何以知之？火位也。又卦世子孫爻合處，是生月日時。

虎易按：「火生寅」，指火長生於寅。

胎爻被破不逾時，胎在子兮午為斷。

胎被歲月日時衝破者，不逾㊀月數產。假令火胎在子，五月得產，或午時占得，子時產。如水胎在午，子日或子時卜，破在午，即午時生。俱不宜遇大殺、殺陰，則凶也。

另補：卜生產，忌無父母並子孫，縱有無氣亦凶也。又以陰為女，陽為男。俱與世爻、子孫爻合處，是生月也。

校勘記

㊀「逾」，原本作「偷」，疑誤，據其文意改作。

占定男女章第三

子孫是木水旺相，春冬得之男子象。木為子孫，則看水爻。蓋取水生木之義。冬水旺，春木旺，故有氣男喜。秋夏得之，則女子也。仿此。

乾坎艮震卦為男，爻位陰陽仔細學。

乾為父，震為長男，坎為中男，艮為少男。巽離坤兑為女。坤為母，巽為長女，離為中女，兑為少女。

又看一三五為男，二四六為女，取子孫在何爻。

又爻陽為男，陰爻為女。

又法：以父母生年，合產月占之亦定。

內得乾坎兑離矣，頭耳口目先是之。

乾為頭，坎為耳，兑為口，離為目。見此四象在內者，順生。內剋外為逆，難產，《升》卦是也。外剋內，順易，《觀》卦是也。

坤艮震巽內見之，得此卦為難產耳。

震為足，艮為手，坤為腹，巽為股。得此象者為逆，難產。但得內外相生，或外剋內，亦吉。內剋外凶。

占生產吉凶章第四㈠

陰陽相生乃為子，俱陰俱陽生便死，八純有氣亦堪憂，卦世日爻並即喜。

八純卦，陰陽不交，萬物不生，若卦世日辰並，即小吉。

胎變死爻胎裡傷，

假令坤宮卦，以金為子。胎在卯辰，或變入午未爻，木死於午，葬於未，是胎爻入死墓。又如：冬至後卜得內見震，六三爻動，化為離，離屬午，是木死於午，故凶。他仿此。

飛伏背身胎變化。

假令五月卜得《遯》卦：

世下伏神甲寅，像是乾象妻財，飛伏俱受殺，為子母俱死。

《卜筮元龜》教例：155		
時間：五月		
	乾宮：天山遯	
伏神	**本　卦**	
	父母壬戌土	▅▅▅▅
	兄弟壬申金	▅▅▅▅ 應
	官鬼壬午火	▅▅▅▅
	兄弟丙申金	▅▅▅▅
妻財甲寅木	官鬼丙午火	▅▅　▅▅ 世
子孫甲子水	父母丙辰土	▅▅　▅▅

《卜筮元龜》教例：154		
時間：五月		
	乾宮：天山遯	
伏神	**本　卦**	
	父母壬戌土	▅▅▅▅
	兄弟壬申金	▅▅▅▅ 應
	官鬼壬午火	▅▅▅▅
	兄弟丙申金	▅▅▅▅
妻財甲寅木	官鬼丙午火	▅▅　▅▅ 世
子孫甲子水	父母丙辰土	▅▅　▅▅

假令乾宮子初九、九二爻動化艮：

乾象象入艮，乾是金，金墓丑。初爻甲子水，化為巽，水土墓在辰，名子入墓也。

子孫天喜與青龍，生旺即吉囚死凶。

訣曰：大凡孕育之生也，須要遇長生、沐浴之位，子母俱保也。卦無金水二爻者，子難生也。水爻化土，土爻化木，謂之相剋神。子孫墓絕，白虎臨天喜，或臨帝旺，子孫並乖也。白虎是金，子孫是木者，母存而子亡。

子財龍喜四神位，五行相剋切須忌。

妻財火，子孫金，青龍木，天喜土，謂之四神自刑，孕婦三日五日難生也。若白虎刑青龍，而妻財無氣者，其母難。

殺臨父母兄弟爻，尤忌本位帶重交。

殺，謂本月大殺與殺陰也。

青龍忽值旬空亡，亦憂坐產虛驚惶。

子孫天喜皆忌旬中空亡，災不日至。日後空亡，其災來遲。皆防孕婦之災，而落子也。

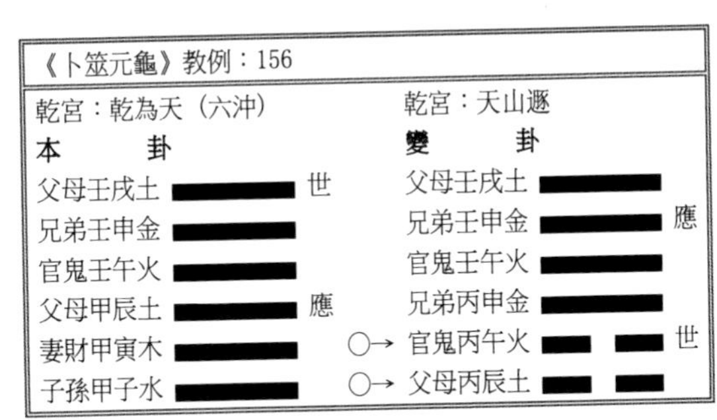

《卜筮元龜》教例：156

乾宮：乾為天（六沖）			乾宮：天山遯		
本　卦			**變　卦**		
父母壬戌土	▅▅▅	世	父母壬戌土	▅▅▅	
兄弟壬申金	▅▅▅		兄弟壬申金	▅▅▅	應
官鬼壬午火	▅▅▅		官鬼壬午火	▅▅▅	
父母甲辰土	▅▅▅	應	兄弟丙申金	▅▅▅	
妻財甲寅木	▅▅▅	○→	官鬼丙午火	▅　▅	世
子孫甲子水	▅▅▅	○→	父母丙辰土	▅　▅	

內外相生不相剋，本宮旺相皆為吉。吉凶凶吉反常間，仔細推占莫㊁浪言。

內卦與外卦，相生大吉，相剋凶。

另補：卜生產，忌無父母並子孫，縱有，無氣亦凶也。

校勘記

㊀「四」，原本作「五」，疑誤，據其標題順序改作。

㊁「莫」，原本作「墓」，疑誤，據其文意改。

新編大易斷例卜筮元龜卷之上

校注參考文獻資料

《易隱》
《易冒》
《周易》
《周禮》
《論語》
《莊子》
《史記》
《漢書》
《宋史》
《字彙》
《火珠林》
《後漢書》
《三國志》
《舊唐書》

《京氏易傳》
《周易尚占》
《卜筮全書》
《易林補遺》
《增刪卜易》
《五行大義》
《周易本義》
《易學啟蒙》
《說文解字》
《皇極經世書》
《御定星曆考原》
《增注周易神應六親百章海底眼》
《新鍥纂集諸家全書大成斷易天機》
《鼎鍥卜筮啟蒙便讀通玄斷易大全》
《鼎鍥卜筮鬼谷源流斷易天機大全》

初校稿完成於：2010年12月28日
二校稿完成於：2012年10月12日
三校注釋定稿：2016年5月8日
統一重校定稿：2019年7月8日

京氏易學愛好者 湖北省潛江市 虎易
網名：虎易
QQ：77090074
微信：wxid_e9cvbx1mugcf22
電子郵箱：tiger1955@163.com
新浪博客：http：//blog.sina.com.cn/hbhy
http：//blog.sina.com.cn/u/1248458677

占筮類			
1	擲地金聲搜精秘訣	心一堂編	沈氏研易樓藏稀見易占秘鈔本
2	卜易拆字秘傳百日通	心一堂編	
3	易占陽宅六十四卦秘斷	心一堂編	火珠林占陽宅風水秘鈔本
星命類			
4	斗數宣微	【民國】王裁珊	民初最重要斗數著述之一；未刪改本
5	斗數觀測錄	【民國】王裁珊	失傳民初斗數重要著作
6	《地星會源》《斗數綱要》合刊	心一堂編	失傳的第三種飛星斗數
7	《斗數秘鈔》《紫微斗數之捷徑》合刊	心一堂編	珍稀「紫微斗數」舊鈔秘本
8	斗數演例	心一堂編	
9	紫微斗數全書（清初刻原本）	題【宋】陳希夷	斗數全書本來面目；有別於錯誤極多的坊本
10-12	鐵板神數（清刻足本）——附秘鈔密碼表	題【宋】邵雍	無錯漏原版秘鈔密碼表 首次公開！
13-15	蠢子數纏度	題【宋】邵雍	蠢子數連密碼表打破數百年秘傳 首次公開！
16-19	皇極數	題【宋】邵雍	清鈔孤本附起例及完整密碼表研究神數必讀！
20-21	邵夫子先天神數	題【宋】邵雍	附手鈔密碼表研究神數必讀！
22	八刻分經定數（密碼表）	題【宋】邵雍	皇極數另一版本；附手鈔密碼表
23	新命理探原	【民國】袁樹珊	子平命理必讀教科書！
24-25	袁氏命譜	【民國】袁樹珊	
26	韋氏命學講義	【民國】韋千里	民初二大命理家南袁北韋
27	千里命稿	【民國】韋千里	
28	精選命理約言	【民國】韋千里	北韋之命理經典
29	滴天髓闡微——附李雨田命理初學捷徑	【民國】袁樹珊、李雨田	命理經典未刪改足本
30	段氏白話命學綱要	【民國】段方	民初命理經典最淺白易懂
31	命理用神精華	【民國】王心田	學命理者之寶鏡

編號	書名	作者	說明
32	命學探驪集	【民國】張巢雲	發前人所未發 稀見民初子平命理著作
33	澹園命談	【民國】高澹園	
34	算命一讀通——鴻福齊天	【民國】不空居士、覺先居士合纂	
35	子平玄理	【民國】施惕君	
36	星命風水秘傳百日通	心一堂編	
37	命理大四字金前定	題【晉】鬼谷子王詡	源自元代算命術
38	命理斷語義理源深	心一堂編	稀見清代批命斷語及活套
39－40	文武星案	【明】陸位	失傳四百年《張果星宗》姊妹篇 千多星盤命例 研究命學必備
相術類			
41	新相人學講義	【民國】楊叔和	失傳民初白話文相術書
42	手相學淺說	【民國】黃龍	民初中西結合手相學經典
43	大清相法	心一堂編	重現失傳經典相書
44	相法易知	心一堂編	
45	相法秘傳百日通	心一堂編	
堪輿類			
46	靈城精義箋	【清】沈竹礽	沈氏玄空遺珍 玄空風水必讀
47	地理辨正抉要	【清】沈竹礽	
48	《玄空古義四種通釋》《地理疑義答問》合刊	沈瓞民	
49	《沈氏玄空吹虀室雜存》《玄空捷訣》合刊	【民國】申聽禪	
50	漢鏡齋堪輿小識	【民國】查國珍、沈瓞民	失傳已久的無常派玄空經典
51	堪輿一覽	【清】孫竹田	
52	章仲山挨星秘訣（修定版）	【清】章仲山	章仲山無常派玄空珍秘 門內秘本首次公開
53	臨穴指南	【清】章仲山	
54	章仲山宅案附無常派玄空秘要	心一堂編	沈竹礽等大師尋覓一生末得之珍本！
55	地理辨正補	【清】朱小鶴	玄空六派蘇州派代表作
56	陽宅覺元氏新書	【清】元祝垚	簡易・有效・神驗之玄空陽宅法
57	地學鐵骨秘　附 吳師青藏命理大易數	【民國】吳師青	釋玄空廣東派地學之秘
58－61	四秘全書十二種（清刻原本）	【清】尹一勺	玄空湘楚派經典本來面目 有別於錯誤極多的坊本

62	地理辨正補註　附 元空秘旨　天元五歌　玄空精髓　心法秘訣等數種合刊	【民國】胡仲言	貫通易理、巒頭、三元、三合、天星、中醫
63	地理辨正自解	【清】李思白	公開玄空家「分率尺、工部尺、量天尺」之秘
64	許氏地理辨正釋義	【民國】許錦灝	民國易學名家黃元炳力薦
65	地理辨正天玉經內傳要訣圖解	【清】程懷榮	秘訣一語道破，圖文并茂
66	謝氏地理書	【民國】謝復	玄空體用兼備、深入淺出
67	論山水元運易理斷驗、三元氣運說附紫白訣等五種合刊	【宋】吳景鸞等	失傳古本《玄空秘旨》《紫白訣》
68	星卦奧義圖訣	【清】施安仁	三元玄空門內秘笈　清鈔孤本 過去均為必須守秘不能公開秘密 與今天流行飛星法不同
69	三元地學秘傳	【清】何文源	
70	三元玄空挨星四十八局圖說	心一堂編	
71	三元挨星秘訣仙傳	心一堂編	
72	三元地理正傳	心一堂編	
73	三元天心正運	心一堂編	
74	元空紫白陽宅秘旨	心一堂編	
75	玄空挨星秘圖　附 堪輿指迷	心一堂編	
76	姚氏地理辨正圖說　附 地理九星并挨星真訣全圖　秘傳河圖精義等數種合刊	【清】姚文田等	蓮池心法　玄空六法 門內秘鈔本首次公開
77	元空法鑑批點本——附 法鑑口授訣要、秘傳玄空三鑑奧義匯鈔　合刊	【清】曾懷玉等	
78	元空法鑑心法	【清】曾懷玉等	
79	曾懷玉增批蔣徒傳天玉經補註【新修訂版原（彩）色本】	【清】項木林、曾懷玉	
80	地理學新義	【民國】俞仁宇撰	揭開連城派風水之秘
81	地理辨正揭隱（足本）　附連城派秘鈔口訣	【民國】王邈達	
82	趙連城傳地理秘訣附雪庵和尚字字金	【明】趙連城	
83	趙連城秘傳楊公地理真訣	【明】趙連城	
84	地理法門全書	仗溪子、芝罘子	巒頭風水，內容簡核、深入淺出
85	地理方外別傳	【清】熙齋上人	巒頭形勢、「望氣」「鑑神」
86	地理輯要	【清】余鵬	集地理經典之精要
87	地理秘珍	【清】錫九氏	巒頭、三合天星，圖文並茂
88	《羅經舉要》附《附三合天機秘訣》	【清】賈長吉	清鈔孤本羅經、三合訣法圖解
89-90	嚴陵張九儀增釋地理琢玉斧巒	【清】張九儀	清初三合風水名家張九儀經典清刻原本！

91	地學形勢摘要	心一堂編	形家秘鈔珍本
92	《平洋地理入門》《巒頭圖解》合刊	【清】盧崇台	平洋水法、形家秘本
93	《鑒水極玄經》《秘授水法》合刊	【唐】司馬頭陀、【清】鮑湘襟	千古之秘，不可妄傳匪人
94	平洋地理闡秘	心一堂編	雲間三元平洋形法秘鈔珍本
95	地經圖說	【清】余九皋	形勢理氣、精繪圖文
96	司馬頭陀地鉗	【唐】司馬頭陀	流傳極稀《地鉗》
97	欽天監地理醒世切要辨論	【清】欽天監	公開清代皇室御用風水真本
三式類			
98－99	大六壬尋源二種	【清】張純照	六壬入門、占課指南
100	六壬教科六壬鑰	【民國】蔣問天	由淺入深，首尾悉備
101	壬課總訣	心一堂編	過去術家不外傳的珍稀六壬術秘鈔本
102	六壬秘斷	心一堂編	
103	大六壬類闡	心一堂編	
104	六壬秘笈——韋千里占卜講義	【民國】韋千里	六壬入門必備
105	壬學述古	【民國】曹仁麟	依法占之，「無不神驗」
106	奇門揭要	心一堂編	集「法奇門」、「術奇門」精要
107	奇門行軍要略	【清】劉文瀾	條理清晰、簡明易用
108	奇門大宗直旨	劉毗	天下孤本　首次公開　虛白廬藏本《秘藏遁甲天機》
109	奇門三奇干支神應	馮繼明	
110	奇門仙機	題【漢】張子房	奇門不傳之秘　應驗如神
111	奇門心法秘纂	題【漢】韓信（淮陰侯）	
112	奇門廬中闡秘	題【三國】諸葛武侯註	
選擇類			
113－114	儀度六壬選日要訣	【清】張九儀	清初三合風水名家張九儀擇日秘傳
115	天元選擇辨正	【清】一園主人	釋蔣大鴻天元選擇法
其他類			
116	述卜筮星相學	【民國】袁樹珊	民初二大命理家南袁北韋
117－120	中國歷代卜人傳	【民國】袁樹珊	南袁之術數經典

占筮類			
121	卜易指南(二種)	【清】張孝宜	民國經典，補《增刪卜易》之不足
122	未來先知秘術——文王神課	【民國】張了凡	內容淺白、言簡意賅、條理分明
星命類			
123	人的運氣	汪季高(雙桐館主)	五六十年香港報章專欄結集！
124	命理尋源	【民國】徐樂吾	民國三大子平命理家徐樂吾必讀經典！
125	訂正滴天髓徵義		
126	滴天髓補註 附 子平一得		
127	窮通寶鑑評註 附 增補月談賦 四書子平		
128	古今名人命鑑		
129-130	紫微斗數捷覽(明刊孤本)[原(彩)色本] 附 點校本 (上)(下)	馮一、心一堂術數古籍整理編校小組 整理	明刊孤本 首次公開！
131	命學金聲	【民國】黃雲樵	民國名人八字、六壬奇門推命
132	命數叢譚	【民國】張雲溪	子平斗數共通、百多民國名人命例
133	定命錄	【民國】張一蟠	民國名人八十三命例詳細生平
134	《子平命術要訣》《知命篇》合刊	【民國】鄒文耀、【民國】胡仲言撰	《子平命術要訣》科學命理；《知命篇》易理皇極、命理地理、奇門六壬互通
135	科學方式命理學	閻德潤博士	匯通八字、中醫、科學原理！
136	八字提要	韋千里	民國三大子平命理家韋千里必讀經典！
137	子平實驗錄	【民國】孟耐園	作者四十多年經驗 占卜奇靈 名震全國！
138	民國偉人星命錄	【民國】囂囂子	幾乎包括所民初總統及國務總理八字！
139	千里命鈔	韋千里	失傳民初三大命理家-韋千里 代表作
140	斗數命理新篇	張開卷	現代流行的「紫微斗數」內容及形式上深受本書影響
141	哲理電氣命數學——子平部	【民國】彭仕勛	命局按三等九級格局、不同術數互通借用
142	《人鑑——命理存驗·命理擷要》(原版足本)附《林庚白家傳》	【民國】林庚白	傳統子平學修正及革新、大量名人名例
143	《命學苑苑刊——新命》(第一集)附《名造評案》《名造類編》等	【民國】林庚白、張一蟠等撰	史上首個以「唯物史觀」來革新子平命學結集
相術類			
144	中西相人探原	【民國】袁樹珊	按人生百歲，所行部位，分類詳載
145	新相術	【美國】字拉克福原著、【民國】沈有乾編譯	通過觀察人的面相身形、色澤舉止等，得知性情、能力、習慣、優缺點等
146	骨相學	【民國】風萍生編著	結合醫學中生理及心理學，影響近代西、日、中相術深遠
147	人心觀破術 附運命與天稟	【日本】管原如庵、加藤孤雁原著，【民國】唐真如譯	觀破人心、運命與天稟的奧妙

編號	書名	作者	說明
178	《星氣(卦)通義(蔣大鴻秘本四十八局圖并打劫法)》《天驚秘訣》合刊	題【清】蔣大鴻 著	江西興國真傳三元風水秘本
179	蔣大鴻嫡傳天心相宅秘訣全圖附陽宅指南等秘書五種	【清】蔣大鴻編訂、【清】汪云吾、劉樂山註	蔣大鴻徒張仲馨秘傳陽宅風水「教科書」！
180	家傳三元地理秘書十三種		真天宮之秘　千金不易之寶
181	章仲山門內秘傳《堪輿奇書》附《天心正運》	【清】章仲山傳、【清】華湛恩	直洩無常派章仲山玄空風水不傳之秘
182	《挨星金口訣》、《王元極增批補圖七十二葬法訂本》合刊	[民國]王元極	秘中秘——玄空挨星真訣公開！字字千金！
183-184	《家傳三元古今名墓圖集附謝氏水鉗》《蔣氏三元名墓圖集》合刊(上)(下)	(清)孫景堂，劉樂山，張稼夫	蔣大鴻嫡傳風水宅案、幕講師、蔣大鴻、姜垚等名家多個實例，破禁公開！
185-186	《山洋指迷》足本兩種 附《尋龍歌》(上)(下)	【明】周景一	風水巒頭形家必讀《山洋指迷》足本！
187-196	蔣大鴻嫡傳水龍經注解 附 虛白廬藏珍本水龍經四種(1-10)	【清】蔣大鴻編訂、【清】楊臥雲、汪云吾、劉樂山註	蔣大鴻嫡傳一脈授徒秘笈 希世之寶 千年以來，師師相授之秘旨，破禁公開！完整了解蔣氏嫡派真傳一脈三元理、法、訣！ 附已知最古《水龍經》鈔本等五種稀見《水龍經》
197	批注地理辨正直解		無常派玄空必讀經典未刪改本！
198	《天元五歌闡義》附《元空秘旨》(清刻原本)	【清】章仲山	
199	心眼指要(清刻原本)		
200	華氏天心正運	【清】華湛恩	
201-202	批注地理辨正再辨直解合編(上)(下)	【清】蔣大鴻原著、【清】姚銘三再註、【清】章仲山直解	失傳姚銘三玄空經典重現人間！名家：沈竹礽、王元極推薦！
203	章仲山注《玄機賦》《元空秘旨》附《口訣中秘訣》《因象求義》等九種合刊	【清】章仲山	近三百年來首次公開！章仲山無常派玄空秘密，和盤托出！ 章仲山注《玄機賦》及章仲山原傳之口訣及筆記
204	章仲山門內真傳《三元九運挨星篇》《運用篇》《挨星定局篇》《口訣篇》等合刊	【清】章仲山、柯遠峰等	
205	章仲山門內真傳《大玄空秘圖訣》《天驚訣》《飛星要訣》《九星斷略》《得益錄》等合刊	【清】章仲山、冬園子等	
206	摵龍經真義	吳師青註	近代香港名家吳師青必讀經典
207	章仲山嫡傳《翻卦挨星圖》《秘鈔元空秘旨》附《秘鈔天元五歌闡義》	【清】章仲山傳、【清】王介如輯撰	透露章仲山家傳玄空嫡傳學習次弟及關鍵不傳之秘
208	章仲山嫡傳秘鈔《秘圖》《節錄心眼指要》合刊		
209	《談氏三元地理大玄空實驗》附《談養吾秘稿奇門占驗》	【民國】談養吾撰	史上首次公開「無常派」下卦起星等挨星秘密之書
210	《談氏三元地理濟世淺言》附《打開一條生路》		了解談氏入世的易學卦德爻象思想
211-215	《地理辨正集註》附《六法金鎖秘》《巒頭指迷真詮》《作法雜綴》等(1-5)	【清】尋緣居士	集《地理辨正》一百零八家註解大成精華 匯巒頭及蔣氏、六法、無常、湘楚等秘本 史上最大篇幅的《地理辨正》註解
216	三元大玄空地理二宅實驗(足本修正版)	【民國】尤惜陰(演本法師)、榮柏雲撰	三元玄空無常派必讀經典足本修正版

編號	書名	作者	說明
217	蔣徒呂相烈傳《幕講度針》附《元空秘斷》《陰陽法竅》《挨星作用》	【清】呂相烈	蔣大鴻門人呂相烈三元秘本三百年來首次破禁公開！
218	挨星撮要(蔣徒呂相烈傳)		
219－221	《沈氏玄空挨星圖》《沈註章仲山宅斷未定稿》《沈氏玄空學(四卷原本)》合刊(上中下)	【清】沈竹礽 等	揭開沈氏玄空挨星五行吉凶斷的變化及不同用法 章仲山宅斷未刪本、沈氏玄空學原本佚文、玄空挨星圖稿鈔本 大公開！
222	地理穿透真傳(虛白廬藏清初刻原本)	【清】張九儀	三合天星家宗師張九儀畢生地學精華結集
223－224	地理元合會通二種(上)(下)	【清】姚炳奎	分發兩家(三元、三合)之秘，會通其用詳解注羅盤(蔣盤、賴盤)；義理、斷驗俱精
其他類			
225	天運占星學 附 商業周期、股市粹言	吳師青	天星預測股市，神準經典
226	易元會運	馬翰如	《皇極經世》配卦以推演世運與國運
三式類			
227	大六壬指南(清初木刻五卷足本)		六壬學占驗課案必讀經典海內善本
228－229	甲遁真授秘集(批注本)(上)(下)	【清】薛鳳祚	明清皇家欽天監秘傳奇門遁甲 奇門、易經、皇極經世結合經典
230	奇門詮正	【民國】曹仁麟	簡易、明白、實用，無師自通！
231	大六壬探源	【民國】袁樹珊	民初三大命理家袁樹珊研究六壬四十餘年代表作
232	遁甲釋要	【民國】徐昂	推衍遁甲、易學、洛書九宮大義！
233	《六壬卦課》《河洛數釋》《演玄》合刊		疏理六壬、河洛數、太玄隱義！
234	六壬指南(【民國】黃企喬)	【民國】黃企喬	失傳經典 大量實例
選擇類			
235	王元極校補天元選擇辨正	原【清】謝少暉輯、【民國】王元極校補	三元地理天星選日必讀
236	王元極選擇辨真全書 附 秘鈔風水選擇訣	【民國】王元極	王元極天昌館選擇之要旨
237	蔣大鴻嫡傳天星選擇秘書注解三種	【清】蔣大鴻編訂、【清】楊臥雲、汪云吾、劉樂山註	蔣大鴻陰陽二宅天星擇日日課案例！
238	增補選吉探源	【民國】袁樹珊	按表檢查，按圖索驥：簡易、實用！
239	《八風考略》《九宮撰略》《九宮考辨》合刊	沈瓞民	會通沈氏玄空飛星立極、配卦深義
其他類			
240	《中國原子哲學》附《易世》《易命》	馬翰如	國運、世運的推演及預言

心一堂術數古籍整理叢刊

全本校註增刪卜易	【清】野鶴老人	李凡丁（鼎升）校註
紫微斗數捷覽（明刊孤本）附點校本	傳【宋】陳希夷	馮一、心一堂術數古籍整理小組點校
紫微斗數全書古訣辨正	傳【宋】陳希夷	潘國森辨正
應天歌（修訂版）附格物至言	【宋】郭程撰　傳	莊圓整理
壬竅	【清】無無野人小蘇郎逸	劉浩君校訂
奇門祕覈（臺藏本）	【元】佚名	李鏘濤、鄭同校訂
臨穴指南選註	【清】章仲山　原著	梁國誠選註
皇極經世真詮—國運與世運	【宋】邵雍　原著	李光浦

心一堂當代術數文庫

書名	作者
增刪卜易之六爻古今分析	愚人
命理學教材（第一級）	段子昱
命理學教材 之 五行論命口訣	段子昱
斗數詳批蔣介石	潘國森
潘國森斗數教程（一）：入門篇	潘國森
紫微斗數登堂心得：三星秘訣篇——潘國森斗數教程（二）	潘國森
紫微斗數不再玄	犂民
玄空風水心得（增訂版）（附流年催旺化煞秘訣）	李泗達
玄空風水心得（二）——沈氏玄空學研究心得（修訂版）附流年飛星佈局	李泗達
廖氏家傳玄命風水學（一）——基礎篇及玄關地命篇	廖民生
廖氏家傳玄命風水學（二）——玄空斗秘篇	廖民生
廖氏家傳玄命風水學（三）——楊公鎮山訣篇附 斷驗及調風水	廖民生
廖氏家傳玄命風水學（四）——秘訣篇：些子訣、兩元挨星、擇吉等	廖民生
《象數易——六爻透視：入門及推斷》修訂版	愚人
《象數易——六爻透視 財股兩望》	愚人
《象數易——六爻透視：病在何方》	愚人
《象數易——六爻透視：自身揭秘》	愚人
命卜隨筆	林子傑

心一堂易學經典文庫　已出版及即將出版書目

書名	作者
宋本焦氏易林（上）（下）	【漢】焦贛
周易易解（原版）（上）（下）	【清】沈竹礽
《周易示兒錄》附《周易說餘》	【清】沈竹礽
三易新論（上）（中）（下）	沈瓞民
《周易孟氏學》《周易孟氏學遺補》《孟氏易傳授考》	沈瓞民
京氏易八卷（清《木犀軒叢書》刊本）	【漢】京房
京氏易傳古本五種	【漢】京房
京氏易傳箋註	【民國】徐昂
推易始末	【清】毛奇齡
刪訂來氏象數圖說	【清】張恩霨
周易卦變解八宮說	【清】吳灌先
易觸	【清】賀子翼
易義淺述	何遯翁